新时代
讲给
少年听

新时代讲给少年听

王炳林◎主编

# 人民的江山

王　峰◎编著

中原出版传媒集团
中原传媒股份公司

大象出版社
·郑州·

# 前言

党的十八大以来，中国特色社会主义进入了新时代，这是我国发展新的历史方位。新时代取得新成就，新时代展现新面貌，新时代涌现新典型，新时代产生新故事。

为帮助当代青少年读懂新时代，我们以“小切口”阐述“大主题”，重点选择反映党的十八大以来，广大党员干部和各族人民群众在以习近平同志为核心的党中央领导下不懈奋斗、取得辉煌成就的典型案例和鲜活故事，以点带面，总结分析，分门别类编成八卷本丛书，依次为《飘扬的党旗》《美丽的中国》《大国的担当》《人民的江山》《创新的力量》《飞扬的梦想》《共同的富裕》《文化的自信》。每卷独立成书，连贯起来又构成一个整体，全景式、系统化展现新时代党和国家事业取得的历史性成就、发生的历史性变革。

在叙述方式和语言风格方面，我们努力贴近新时代青少年的阅读习惯、接受特点，以青少年喜闻乐见的新方式、新表达进行语言“编码”，用通俗易懂的文字和形象生动的图片，讲清来龙去脉，剖析前因后果，让青少年读起来犹如身临其境，以见证者和参与者的身份感受新时代的脉搏与荣光。

我们深知，一部好的作品既要告诉读者已发生的事实，更要告诉读者事实发生的背后原因，因此，我们在书中设计了相关栏目，融入了党的二十大精神、习近平总书记相关重要论述等内容，阐释了党的十八大以来我们面对种种风险挑战乃至惊涛骇浪，之所以能解决许多长期想解决而没有解决的难题，办成许多过去想办而没有办成的大事，根本在于习近平新时代中国特色社会主义思想的科学指引，在于以习近平同志为核心的党中央的坚强领导，有助于青少年更加深刻领悟“两个确立”的决定性意义。我们力图使新时代故事既有温度又有高度，有助于青少年从新时代的伟大变革中启迪智慧、砥砺品德，收获关于青春价值和人生方向的更多思考。

青少年朋友们，你们生逢盛世，新时代为你们开启了无限广阔的发展前景，搭建了人生奋斗的出彩舞台。习近平总书记这样寄语：“希望广大青年用脚步丈量祖国大地，用眼睛发现中国精神，用耳朵倾听人民呼声，用内心感应时代脉搏，把对祖国血浓于水、与人民同呼吸共命运的情感贯穿学业全过程、融汇在事业追求中。”希望这套丛书能够成为你们在青春赛道上奋力奔跑的一份精神食粮，激励你们在新征程上自觉将爱国之情、报国之志与精进学业、锐意创新相结合，用实干诠释新时代青年的责任与担当。我们相信，实现第二个百年奋斗目标新的赶考之路，你们定能写下不负党和人民的精彩答卷！

2023 年 8 月 20 日

# 目录

中国共产党领导人民打江山、守江山，守的是人民的心。一百多年来，中国共产党始终以最广大人民根本利益为最高标准，把人民对美好生活的向往作为奋斗目标，带领中华民族迎来了从站起来、富起来到强起来的伟大飞跃。正因为如此，习近平总书记在党的二十大报告中明确指出："我们要实现好、维护好、发展好最广大人民根本利益，紧紧抓住人民最关心最直接最现实的利益问题，坚持尽力而为、量力而行，深入群众、深入基层，采取更多惠民生、暖民心举措，着力解决好人民群众急难愁盼问题，健全基本公共服务体系，提高公共服务水平，增强均衡性和可及性，扎实推进共同富裕。"

# 江山就是人民，人民就是江山

## 01 >>> 解决好人民群众急难愁盼问题

### ◎●◎ “湾村明白人”办好“明白事”

2022年11月，农业农村部、国家乡村振兴局发文推介第四批全国乡村治理典型案例，湖南省耒阳市“湾村明白人”案例入选。

#### 促进乡村振兴

> 打通基层治理的“最后一公里”就是要积极解决与人民群众日常生活最紧密相关的揪心事、烦心事、操心事，使人民群众切实享受到基层治理带来的生活便利。

在耒阳，多条河流沿岸形成的5000多个自然村落，被称作“湾村”。每个行政村一般有10多个湾村，所以，湾村称得上是耒阳社会治理的最小单元。2021年，耒阳市推出“湾村明白人”治理机制，把离退休教师、党员干部、致富能手等乡村“能人”组织起来，让他们当好政策法规“宣传员”、矛盾纠纷“调解员”、乡村振兴“助推员”、乡风文明“监督员”、社情民意“信息员”，推动乡村治理标准化建设，让乡风更文明、发展更和谐、村民更幸福。

魏志虎是耒阳市长坪乡潭湖村魏家湾的一名村民，2021年6月，魏志虎被村民推荐为“湾村明白人”。在一次村民恳谈会上，大家认为当下村里最迫切也最难解决的，就是水源问题。村里有自来水，但因为地势较高，缺水季村民只能去水井打水挑回家。有些村民提出想让政府帮助解决。魏志虎对大家说：“我们不能干等，也不能什么都靠政府，得自己先找到水源。找到了好水源，后续再去找政府解决，就容易多了。”为了找到合适的水源，魏志虎早上不到7点就进山，晚上才回来，一走就是一整天。终于，经过半个多月的努力，他在一个山谷里找到了水源。这个水源的水虽然不能直接饮用，但只需进行一些处理，就足够保障200多人的生活用水。其他村民小组有群众对这一引水工程感到不满，魏志虎以“湾村明白人”的身份挨家挨户上门沟通解释，经过一番努力，终于达成了水源共享的协议。接着，魏志虎发动村民投入义务劳动，在当地水利局的支持下，新水源地的水很快流入了魏家湾的家家户户。

除了魏志虎，当地一大批有技能有热情的村民也被吸纳为“湾村明白人”。基层群众需要什么，“湾村明白人”就在党和政府的号召下做什么。为民解忧、为民办事，“湾村明白人”与百姓共饮一湾水，他们增强了社会治理末梢的力量，解决了基层群众的急难愁盼问题。

## ◎●◎ 干部进楼栋，精准解民忧

重庆市万州区牌楼街道万安社区中观园小区的老人们围坐一圈，开心地聊着小区环境的巨大变化。

中观园小区是典型的老旧小区，以前没有物业管理，出现了不少问题，诸如小区整体环境差，停车位紧张，部分消防管道年久失修，等等。

2019年5月，万安社区开始推行“楼栋工作日”机制，社区干部、中观园小区楼栋长坚持入户走访，并把重点走访对象设定为几位爱提意见的老党员、老住户。他们在走访交流中发现，这些爱提意见的老党员、老住户虽然有情绪，但更有热情，都是热心人，特别关心小区发展。如果能够调动他们的积极性，把他们动员起来参与小区治理，一定能更好地推动小区发展。这不仅符合“楼栋工作日”的要求，也能带动社区居民等多种力量参与社区治理，引导居民协商解决社区公共事务。

“消防管道年久失修是大问题，我们通过‘楼栋工作日’机制向上级申报维修经费，一定把问题解决好。解决楼栋院落环境差、部分住户占道停车这些问题，我们每个居民都不能当旁观者。老党员能不能带个头，带着大家协商解决？”万安社区党委书记、居委会主任姜正国做起小区老党员的工作，小区内多位热心老党员、老住户积极主动报了名。

中观园小区在街道和社区干部的指导下成立了业主委员会，逐渐探索出老旧小区的自治自管办法。业主委员会带着居民开展了十多天的大扫除，小区环境面貌一新。何武成等老党员又带领大家整理小区闲置用地，对停车位进行了重新规划建设，并引导居民规范停车。

如今，中观园小区路面整洁，车辆停放有序，消防管道簇新。小区里不仅添置了健身器材，方便居民锻炼身体，还摆放了很多观赏花草，优化了环境。

重庆市万州区通过“楼栋工作日”机制，建立健全基层党组织体系，发动社会多种力量参与社区治理，打通了联系服务群众的“最后一公里”。

多方联动解锁社区治理的“幸福密码”

# 02 >>> 让老百姓过上好日子

## ◎●◎ 脱贫不脱钩，帮扶不停步

在政府和企业的帮助下，福建省福州市永泰县同安镇官路村脱贫户檀雪林一家的日子过得越来越好。在搬进新家不久后，檀雪林的两个儿子陆续找到了新工作，她自己也在当地政府联系当地企业打造的茶叶帮扶车间里做着稳定的工

党的十九届六中全会审议通过的《中共中央关于党的百年奋斗重大成就和历史经验的决议》中明确指出，“让老百姓过上好日子是我们一切工作的出发点和落脚点”。中国共产党根基在人民、血脉在人民，党团结带领人民进行革命、建设、改革，根本目的就是让人民过上好日子。千方百计让人民群众过上好日子，体现了党的理想信念、性质宗旨、初心使命。

作。如今，檀雪林一有空就蹬上三轮车往返于茶厂和住所。领着采摘春茶的工资，她喜笑颜开地说："如今日子越来越好，多亏帮扶岗位让我们渡过了难关！"檀雪林所说的帮扶岗位，是当地专为脱贫户就近就业打造的。正因为有了帮扶岗位，像檀雪林家这样的脱贫户也有了较为稳定的收入。

几年前，檀雪林的丈夫因病卧床，花掉了家中的大部分积蓄，小女儿还在念书，两个在外打工的儿子收入也不高，整个家庭入不敷出。一辈子没出过山、缺乏一技之长的檀雪林一筹莫展。在同安镇，大多数年轻人都出去打工了，村里剩下的大多是半劳动力或弱劳动力，难以自主就业。为了照

■ 采茶

顾家人，檀雪林决定找个离家近的工作来贴补家用。在县、镇两级政府的积极对接下，檀雪林在当地一家茶叶企业找到了合适的岗位。

2017年，永泰县提前完成全部脱贫任务。全县脱贫户数量不多，除了有低保兜底，政府想方设法帮助他们，呼吁各类企业、合作社也积极设置岗位，吸纳脱贫劳动力就业。当地一家茶叶企业响应号召，为脱贫户提供了采茶、烧茶青、看护停车场等多种岗位，让脱贫劳动力通过就近就业，能够拥有一份稳定的收入。

近年，福建持续推进脱贫劳动力、农村低收入人口就业帮扶工作，帮助他们实现就地就近就业。除了积极打造帮扶车间，政府还申请以工代赈项目，开发公共服务类、便民服务类等公益性岗位，创造更多岗位，吸纳更多人员就业，实实在在地让大家过上了好日子。

## ◎●◎ 减证便民在行动

党的十八大以来，各地政府不断优化政务服务，便民惠民措施越来越多，群众反映强烈的办事难、办事繁等问题得到有效解决，越来越多的“马上办”“网上办”“一次办”

办事越来越方便

等措施，让群众办事越来越方便，获得感越来越强烈。

山东省滨州市的一个驾校报名处的大厅里，陆续有人前来申请网约车驾驶员从业资格。走进大厅前，市民顾蒙心里还有些担忧。原来，他在两年前就申请过一次，当时工作人员要求他去相关部门开具无犯罪记录证明、无交通肇事记录证明等好几项证明材料，涉及公安、交管等多个部门，办理流程十分烦琐。最终因为有些材料一时难以提供，他只好放弃。现在，滨州实行“证明材料不用跑”改革，群众报名只需提供个人基本资料，驾校会将相关材料提交到市交通局，市交通局联系市公安局等部门统一办理。了解到这种情况后，顾蒙想着再试试。在工作人员的引导下，他拍了照片，提交了个人基本资料，就办理完了相关手续，全程不到3分钟。

安徽省阜阳市的陈先生来到当地的政务服务中心，想通过居民医保报销意外摔伤的治疗费用。陈先生是在外地摔伤的，在外地就医出院时忘了开具“意外伤害无第三方责任”的相关证明。如果再去就医地开证明，来回交通花费太大，于是他抱着试一试的心态来当地申请。按照过去的相关规定，意外伤害必须提供相关证明，才能享受正常的报销政策。但是现在，在提供正常住院报销材料的基础

■ 不要“证明”要“承诺”

上，只需在新版城乡居民医保意外伤害调查核实表上填写情况，并承诺情况属实，就能完成申请手续。“只要承诺就能办，真方便！”陈先生感叹道。

减证便民行动减掉的不仅是老百姓办事时一系列烦琐的手续，也减掉了负担和压力，增加的却是老百姓的幸福感和获得感。

# 03 >>> 人民的“樵夫”

## ◎●◎ 朱坊村修路记

福建省邵武市的拿口镇是由拿口和朱坊两个乡镇（当时称公社）合并而来的。虽然两个乡镇合并了，但几个村的群众仍会因为隔阂而发生矛盾。刚调任拿口镇镇长不久的廖俊波到朱坊调研走访，回来后跟当时的镇党委书记熊贻荣说，“能把人心凝聚起来的一个办法，就是加大基础设施投入”。

当时，朱坊和附近几个村的村民最大的心愿就是修一条公路。从朱坊到拿口有十几千米远，却只有泥巴路，下过雨后，交通更是不便，村里的水果、毛竹等特产都运不出去，农民收入也成了问题。要想富，先修路，廖俊波深谙其中的道理，修建拿朱公路被廖俊波立即提上议程。“当时镇里财政很困难，连发工资都成问题。”熊贻荣回忆。但廖俊波没有犹豫，坚定地说：“咬咬牙，政府再困难，也不能苦了人

“人民的‘樵夫’”是人们对廖俊波的尊称，其中“樵夫”一词是廖俊波的微信昵称。

廖俊波生前是福建省南平市委常委、常务副市长兼武夷新区党工委书记。2015年被授予“全国优秀县委书记”称号。2017年，不幸因公殉职。2017年被追授“全国优秀共产党员”称号、“时代楷模”称号，被评为“全国敬业奉献模范”。2018年3月1日，被评为“感动中国”2017年度人物。

“感动中国”组委会写给他的颁奖词为：“人民的樵夫，不忘初心，上山寻路，扎实工作，廉洁奉公。牢记党的话，温暖群众的心，春茶记住你的目光，青山留下你的足迹。谁把人民扛在肩上，人民就把谁装进心里。”

民，要想办法解决这个问题。”

经过努力，廖俊波争取到了一半的道路硬化资金，然后通过动员社会捐款等方式筹到了另一半资金。廖俊波说，花了这么大力气才筹到这些钱，一定要保证道路施工质量。于是他让人选派了三组人员去监督道路施工：交通部门技术人员现场指导，村镇规划建设管理站工作人员全程跟踪，沿路每个村选两名有威望的村民代表参与施工管理。2001年年底，长17千米、宽7米的拿朱公路顺利通车。

## ◎●◎“政和速度”

2011年6月，廖俊波调任政和县委书记。当时的政和县是国家级贫困县，财政收入在福建省排名倒数第一。

廖俊波上任后发誓要带领全县人民拔掉穷根，再造一个新政和。他带着县委班子下乡村、进厂矿、访社区，把政和县的底子摸了个透。经过反复调研后，他又组织全县有关负责人，围绕政和县的发展热烈讨论了三天，统一了思想认识。

这场必须胜利的战役从哪里开始打？廖俊波与政和县相关工作人员商议后形成了共识：紧抓高速公路通车等机遇，做好农业农村工作，致力带动工业、城市、旅游、回归等“四大经济”发展。为了促进产业集聚和招商引资，他们

■ 政和县石圳村一景

决定在政和建设一个工业园。钱从哪里来？一个贫困县靠什么来吸引企业？最棘手的拆迁问题怎么解决？……哪里有问题，就从哪里入手。廖俊波带头入户拜访，耐心跟群众聊家常分析利弊。几个月后，征地任务顺利完成，无一人上访。他还抓住机会，及时为工业园项目争取到了资金。实实在在的变化不仅让老百姓觉得有了奔头，也让政和的各级干部有了信心。人心齐，泰山移，在廖俊波的带领下，政和县硬是在一个几乎没有工业基础的贫困县，建起了历史上第一个工业园，并且实现了当年动工、当年投产。

就是这样，廖俊波带领工作人员认真研究全县发展情况，找出发展难题，精准施策，使政和县的发展不断迈上新台阶。政和县财政总收入从2011年的1.6亿元增加到2014年的4.9亿元。2012年，政和县域经济发展指数在全省提升35位，上升幅度全省最大。2013年县域经济发展首次进入全省发展“十佳”。政和县在传统农业县建起省级工业园，带动全县经济发展大踏步前进，这样的快速发展迅速成为媒体关注的对象，被称为“政和速度”。

党的十八大以来，政和践行廖俊波精神，持续推动项目攻坚，聚焦提高效率、提升效能，扎实工作，取得了一系列成就。

人民民主是社会主义的生命，是全面建设社会主义现代化国家的根本要求。与西方资本主义民主有着根本不同，人民民主真正体现了人民当家作主，最真实、最广泛、最有效地实现了人民当家作主的政治目标和崇高追求。正如习近平总书记在党的二十大报告中指出的那样：“必须坚定不移走中国特色社会主义政治发展道路，坚持党的领导、人民当家作主、依法治国有机统一，坚持人民主体地位，充分体现人民意志、保障人民权益、激发人民创造活力。”

2

# 人民当家作主

# 01 政治制度没有“飞来峰”

## 人大代表进“考场”，选民来“阅卷”

人大代表是人民选举的代表，代表着人民的利益和意志，依照宪法和法律赋予的职权行使国家权力，在国家的经

在庆祝全国人民代表大会成立60周年大会上的讲话中，习近平总书记指出：“设计和发展国家政治制度，必须注重历史和现实、理论和实践、形式和内容有机统一。要坚持从国情出发、从实际出发，既要把握长期形成的历史传承，又要把握走过的发展道路、积累的政治经验、形成的政治原则，还要把握现实要求、着眼解决现实问题，不能割断历史，不能想象突然就搬来一座政治制度上的‘飞来峰’。”

济、政治与其他方面的社会生活中发挥着重要作用。如何行使好权利，履行好义务，发挥好作用是每一名人大代表所必须认真思考的问题。云南省红河哈尼族彝族自治州人大常委会以开展人大代表述职评议活动为切入点，对人大代表的履职情况进行评议，看他们是否真正做到代表人民意志，真正做到为人民服务。

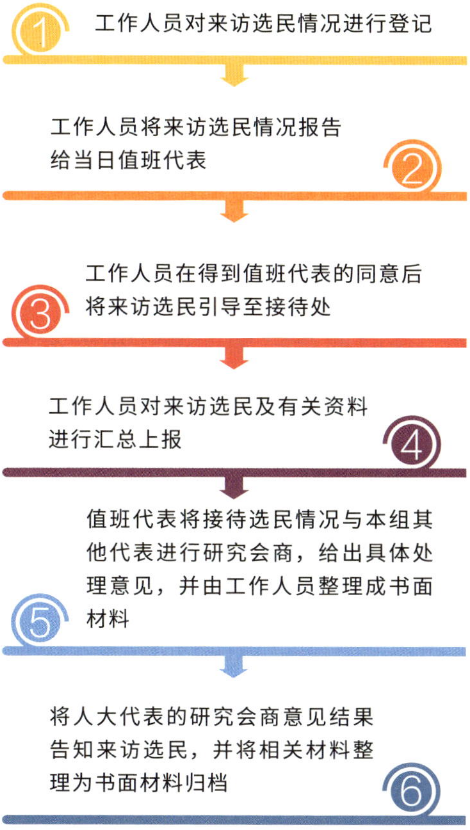


■ 人大代表接待选民基本流程

2020年7月的一个下午，在云南省红河哈尼族彝族自治州弥勒市弥阳镇（现弥阳街道）城关社区的会议室内，一场别开生面的“考试”紧张有序地进行着。当天，弥阳镇城关社区选出的15名人大代表一一登台“考试”。每名人大代表现场向选民述职，晒出自己的“成绩单”，报告任期以来履行职责、行使权利、发挥作用等方面的情况。而选民此时就是人大代表们的“监考员”和“阅卷人”，他们要在人大代表述职结束后履行自己神圣的职责，对人大代表进行满意度测评。按照要求，测评前，先在参加评议的选民中推选出监票人，以便对计票全过程进行监督；测评后，当场统计测评票，当场宣布结果。

通过不断探索与实践，红河全州持续推动各级人大经常性地开展人大代表述职评议，加强对人大代表述职活动的组织和引导，让人大代表接受选民监督，“进考场”不走过场，实实在在地向选民晒出“成绩单”。人大代表述职评议活动，实现了届内基层人大代表全员参与，加强了对人大代表的监督，增强了人大代表的履职意识，受到群众的称赞。

同时，红河州人大常委会积极组织好闭会期间的人大代表活动，利用“人大代表工作站”等平台，有计划地组织人大代表开展调查研究、视察考察、执法检查活动，密切人大代表与选民群众的联系，使人大代表工作充满生机和活力。红河州迤萨镇人大代表白卫红利用“人大代表工作站”，开

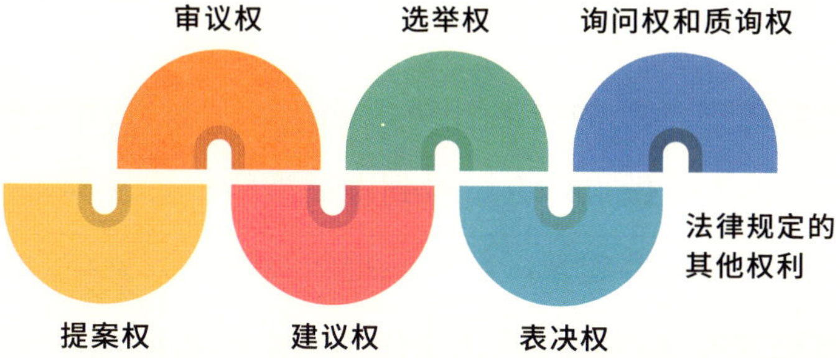


人大代表的权利

- 模范地遵守宪法和法律、保守国家秘密、协助宪法和法律的实施
- 按时出席本级人大会议、做好审议及会议期间的其他工作
- 积极参加闭会期间统一组织的履职活动
- 加强履职学习和调查研究，不断提高履职能力
- 密切联系群众，努力为人民服务
- 自觉遵守社会公德，廉洁自律，公道正派，勤勉尽责
- 法律规定的其他义务

人大代表应当履行的义务

展人大代表“承诺践诺制”和任期“十件实事”工程，带领勐龙村形成人大代表带头干、普通群众跟着干的全民动员、全员共治的浓厚氛围。

## ◎●◎“鸡毛信”变成了“金点子”

作为九三学社的一名社员，胡四春总是想着能在新冠疫情期间为大家做点什么。看到青岛市防疫管理存在诸多问题，胡四春便琢磨起来，能不能把防疫和大数据结合起来？

> 中国共产党领导的多党合作和政治协商制度是我国的一项基本政治制度，是具有中国特色的政党制度。中国共产党是执政党，各民主党派是参政党，中国共产党和各民主党派是亲密友党。中国共产党是执政党，其执政的实质是代表工人阶级及广大人民掌握人民民主专政的国家政权。各民主党派是参政党，具有法律规定的参政权。其参政的基本点是：参加国家政权，参与重要方针政策、重要领导人选的协商，参与国家事务的管理，参与国家方针政策、法律法规的制定和执行。
>
> 多党合作的首要前提和根本保证：坚持中国共产党的领导。
>
> 多党合作的基本方针：长期共存，互相监督，肝胆相照，荣辱与共。
>
> 多党合作的根本活动准则：遵守宪法和法律。
>
> 多党合作和政治协商的重要机构：中国人民政治协商会议。

除了上网查找相关资料，胡四春还走出家门，询问专业人员建议，征求民众意见。最终，《关于引进“大数据+AI+运筹学”流调快速处置平台的建议》出炉了，这是他花费一周时间深入调研集思广益的成果。这篇文章像“鸡毛信”，先后被发给青岛市卫健委、青岛市疾控中心等部门，经过专家们三个多小时的线上线下深入交流探讨、多方修改补充后，最终形成切实可行的“金点子”。

2022年3月，山东青岛西海岸新区开展全员核酸检测过程中出现了种种问题。有问题不可怕，关键是齐心协力想办法解决问题。九三学社社员纷纷针对问题发表自己的看法和观点。例如，有人提出检测点大量人员排队存在交叉感染风险；也有人指出应该动员第三方检测机构参与核酸检测，从公立医院抽调医务人员取样太浪费医疗资源……胡四春赶紧把大家的意见建议收集起来，梳理归类报送给相关部门。九三学社青岛市委会参政议政处工作人员根据需要，联系有关部门的专家学者，多方征求意见，最终形成了专业度颇高的社情民意信息。

一封、两封、三封……一封封“鸡毛信”第一时间发出，一篇篇高质量的社情民意信息应运而生，为党和政府科学决策提供了重要支撑，对有效抗击疫情发挥了重要作用。

| 名　　称（简称） | 成立时间 | 主要组织成员 |
| --- | --- | --- |
| 中国国民党革命委员会（民革） | 1948 年 | 同原中国国民党有关系的人士、同民革有历史联系和社会联系的人士、同台湾各界有联系的人士及其他人士 |
| 中国民主同盟（民盟） | 1941 年 | 以教育文化和科技界的高、中级知识分子为主 |
| 中国民主建国会（民建） | 1945 年 | 以经济界人士为主 |
| 中国民主促进会（民进） | 1945 年 | 以教育文化出版界高、中级知识分子为主 |
| 中国农工民主党（农工党） | 1930 年 | 以医药卫生、人口资源和生态环境领域高、中级知识分子为主 |
| 中国致公党（致公党） | 1925 年 | 以归侨和侨眷为主 |
| 九三学社 | 1946 年 | 以科技界高、中级知识分子为主 |
| 台湾民主自治同盟（台盟） | 1947 年 | 台湾人士 |

我国各民主党派概况

## 02 有事大家商量着办

在重大决策前和决策过程中进行充分协商，尽可能就共同性问题取得一致意见，这保证了人民的意愿和要求得到充分表达，丰富了民主形式，拓宽了民主渠道，提高了决策的科学性。

全过程人民民主，就是在我国走中国特色社会主义政治发展道路的过程中，通过党的领导和支持，建立健全人民当家作主的全方位的制度安排、全闭环的程序设计、全过程的政治参与，确保人民的民主选举、民主决策、民主管理和民主监督及法律规定的各项权利在各领域、各方面、各环节都能得到落实的民主制度和形式。

全过程人民民主是社会主义民主政治的本质属性，是最广泛、最真实、最管用的民主。这是对我国社会主义民主的精辟概括。社会主义民主政治的本质和核心是人民当家作主。

## ◎●◎ 深入基层的“直通车”

义乌市地处浙江中部，被誉为“世界小商品之都”。2020年8月，全国人大常委会法工委义乌基层立法联系点在这里正式设立并开始运作，义乌市的鸡鸣山社区成为义乌基层立法联系点联络站之一。这里的居民具有多国籍、多民族、多文化的特点。在这样复杂的环境之中，为了收集到最基层、最真实的意见和建议，该社区将反食品浪费法草案立法征询座谈会开到了当地的一个网红餐饮街区上。联络站的立法信息员与众多餐饮店、便利店、小酒店的业主、老板们坐在一起，面对面讨论草案条文，鼓励居民积极发言，提出意见和建议。

经过反复讨论，大家发现了一些普遍存在的问题，例如食品包装袋上保质期标注的位置各不相同，顾客和营业员有时候需要找半天，等等。最终，鸡鸣山立法联络站共上报了11条对反食品浪费法草案的修改建议，其中3条被吸收采纳。在设立后不到一年的时间里，义乌基层立法联系点先后就国旗法、国徽法等15部法律草案或修正草案进行立法意见征询工作，先后组织调研、座谈会40余次，收到各部门和个人提交的意见建议920余条，有1.2万人次基层群众参与，其中上报给全国人大常委会的意见建议就有624条。小小立法联系点发挥了不一般的作用。

接地气、察民情、聚民智，基层立法联系点就像一辆立法“直通车”，大家商量得越多，收集到的原汁原味的民意就越多，立法工作也能随之顺利开展。

**截至 2023 年 1 月，中国基层立法联系点取得的成就**

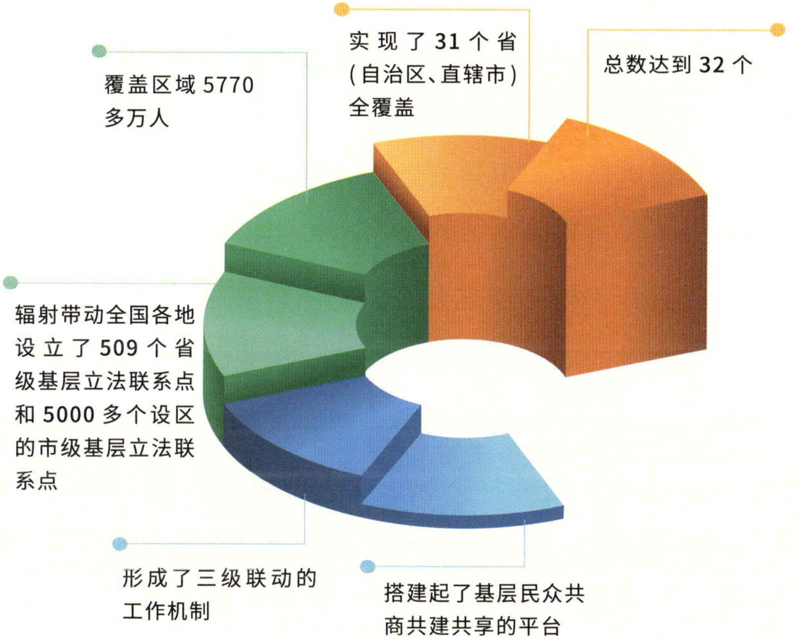

截至2023年1月，中国基层立法联系点总数达到32个，实现了31个省（自治区、直辖市）全覆盖，覆盖区域5770多万人，辐射带动全国各地设立了509个省级基层立法联系点和5000多个设区的市级基层立法联系点，形成了三级联动的工作机制，搭建起了基层民众共商共建共享的平台。

## ◎●◎ 聊着来的“板凳议事会”

江苏省苏州市姑苏区悬桥巷60号大院曾是一个没有物业管理的老旧小区，因年久失修，房屋漏水、墙体倾斜坍塌、基础公共设施破坏严重等问题困扰着小区居民。2021年，政府出资对小区进行改造。在改造过程中，社区多次召集居民在小区里召开“板凳议事会”，充分听取居民意见，制定了满足居民需求的施工方案。如今的悬桥巷60号大院仿佛开了“美颜”“滤镜”，楼道整洁、地面宽敞，小区的“颜值”提升后，成为“网红打卡点”，不少外地游客纷纷驻足拍照。而当地民众聚集在一起听民意、解民情的议事形式“板凳议事会”也成为当地独有的一道“风景线”。

政府花钱改造后，怎样加强管理来保持“鲜亮底色”呢？小区没有物业管理，公共卫生以及大门进出管理等问题，如何做到专人负责呢？一天上午，悬桥巷60号大院的居民们在刚刚改造完成的小区大门前再次召开“板凳议事会”，你一言我一语，畅所欲言，就小区管理提出了自己的建议。最后，居民们在社区管理经验丰富的市人大代表张英缨的倡议下，一致决定建立一个轮班制度，每户居民负责一个星期，由居民自己对小区的公共卫生和大门进出进行管理。详细的实施方案让居民们拍手叫好。不难看出，充分听取居民的意见是非常重要的，一旦居民统一了认识，政府的实施项目就能办得更好。

就像唠嗑一样，气氛活跃，观点表达顺畅，令人心情舒畅，这是街道居民对“板凳议事会”的一致看法。“板凳议事会”不仅能让居民们畅所欲言，还能顺利推动问题、难题的解决，是体察民情的好办法、解决问题的好方法，促进了居民群众从干好分内事到共同参与社区事的转变。

## 03 >>> 画好最大同心圆

习近平总书记在党的二十大报告中明确指出："全面建设社会主义现代化国家，必须充分发挥亿万人民的创造伟力……不断巩固全国各族人民大团结，加强海内外中华儿女大团结，形成同心共圆中国梦的强大合力。"什么是同心共圆？数学上的定义为：同一平面上同一圆心而半径不同的圆。这里借指在中国共产党的领导下，动员全国各族人民，调动各方面积极性，为实现中华民族伟大复兴的中国梦而团结奋斗。

从"世界屋脊"青藏高原上的唐古拉山脉发源，一路奔腾向东，流经11个省、自治区、直辖市的长江，是我国和亚洲第一长河，也是世界第三长河。

有研究表明，多年来的高强度开发、粗放式利用让长江不堪重负，流域生态功能退化，珍稀特有鱼类大幅衰减，位于长江生物链顶层的珍稀物种——中华鲟、长江江豚岌岌可危，经济鱼类资源濒临枯竭。为了保护长江渔业资源，2003年以来，长江流域实行每年3至4个月的禁渔期。每年7月1日开捕后，当年的繁殖成果很快被捕捞殆尽，鱼类种群难以繁衍壮大。为了助力长江流域天更蓝、水更清、景更美，党中央决定寻求“好帮手”，一起开展长江生态环境保护工作。

“让地方省委与民主党派中央、无党派人士一起搞长江的生态治理是否可行？”答案是肯定的。2021年6月以来

2022年长江江豚科学考察数据发布

开展的长江生态环境保护民主监督，正是中共中央交付给各民主党派中央、无党派人士的重要政治任务。2021年10月28日，民革中央负责同志带领顾问专家组成员和民主监督调研组来到湖北宜昌，踏上长江边一处工业园区腾退出来的江滩开展调研。

“我脚下的江水断面水质达到Ⅱ类了吗？”“像这样的工业废水排放管，整个园区有几个？”专家们提出了一个又一个问题，讨论了一套又一套方案，通过调研，深切体会到长江的生态问题是日积月累的，解决起来绝非一日之功。

2022年1月19日下午，民进中央主席、长江生态环境保护民主监督工作领导小组组长蔡达峰带队走访生态环境部，并与生态环境部党组书记孙金龙座谈。他们对长江流域重点水域“十年禁渔”、重点湖泊水生态保护修复、农业面源污染防治等共同关心的问题进行了深入交流。像这样的座谈会还有许多，这些镜头是各民主党派中央、无党派人士积极开展长江生态环境保护民主监督工作的生动诠释。

此次长江生态环境保护民主监督，首次在中央层面安排

■ 长江春色

无党派人士参与，扩大了党外人士参与范围。这是从党和国家工作大局出发作出的重要部署，充分体现了对多党合作的高度重视，对民主党派、无党派人士的充分信任。这就是在把握住同心圆的圆心的同时，将同心圆的半径越画越大！

“大厦之成，非一木之材也；大海之阔，非一流之归也。”画好最大同心圆，发挥好统一战线优势，全体中华儿女定能凝聚共识，同心同德，汇聚起实现中华民族伟大复兴的磅礴伟力。

公平正义是衡量社会文明进步的价值标准，实现公平正义是社会主义建设的一项重大任务。习近平总书记在党的二十大报告中指出：“我们坚持把实现人民对美好生活的向往作为现代化建设的出发点和落脚点，着力维护和促进社会公平正义，着力促进全体人民共同富裕，坚决防止两极分化。”维护和促进社会公平正义，需要把体现人民利益、反映人民愿望、维护人民权益、增进人民福祉落实到全面依法治国各领域全过程，积极回应人民群众的新要求、新期待。

# 3

# 维护和促进社会公平正义

## 01 >>> 留得住的支教团

宁蒗彝族自治县，俗称“小凉山”，地处我国西南边陲云南省西北部。巍峨绵延的横断山脉像一双巨人的大手将宁蒗捧在其中。宁蒗曾经经济发展缓慢，教育事业落后，山里的一些孩子无法获得相应的教育。30余年支教接力的故事正是在这里展开的。

> 党的十八大以来，以习近平同志为核心的党中央始终把教育摆在优先发展的战略位置，优先向农村地区、边疆民族地区、革命老区、边远地区教育发展倾斜，城乡义务教育一体化稳步推进，区域、城乡、校际差距逐步缩小，高校招生持续向中西部和农村地区倾斜，学生资助制度不断健全，更多孩子拥有了人生出彩的机会。

时间回到1988年，宁蒗的经济与教育问题让县委书记愁坏了。特殊的县情和地理环境，致使宁蒗一直拔不掉穷根，深度贫困；“文盲”问题更是给宁蒗的经济发展困难“火上浇油”。宁蒗相关领导考察后发现，当时几千千米外的江苏省海安县（现海安市）教育水平远超宁蒗，且海安急需木材，而木材恰是宁蒗的优势。如果能够把宁蒗的木材和海安的人才相交换，不就是合作共赢吗？于是，宁蒗与海安签署了教育合作协议，一纸“木材换人才”的“宁海之约”就此确定，宁蒗以优惠价格给海安提供紧缺木材，海安派遣优秀教师到宁蒗支教。

1988年8月，海安派出30多名支教教师拖家带口来到几千千米外的小凉山地区，参与建设以宁蒗、海安两县县名第一个字命名的“宁海中学”。从此刻开始，海安将在宁蒗写下持续多年的壮美支教篇章。

“海安班”是2016年8月宁蒗、海安两地深化教育合作的新成果。“海安班”由宁蒗选拔优秀学生，由海安遴选语文、数学、英语、物理等学科优秀教师任教。考上“海安班”，在宁蒗已是一种荣耀。海安老师注重挖掘每一名学生的特色和潜质，注重培养学生的自律和主动学习意识：“就连考试考什么都要征求学生意见，也不监考，完全靠学生自觉。”正是以学生为本的“海安班”创造了宁蒗教育大发展的奇迹。

傣族女孩陶连虹是2022届“海安班”中的一员，高考考了648分，这是相当优异的成绩。她曾说过，“是海安老师让我走出大山，走出宁蒗去看更大的世界，去做更好的自己”。由于录取信息出来得比较晚，海安老师谢友军每天与陶连虹通电话沟通相关情况。“直到20日晚，我查到她的录取信息后，才真正放了心。”海安老师就是这样，把每一名学生都当作自己的孩子。海安老师们的愿望就是孩子们能够有机会“飞越重山阻碍，奔赴下一场山海”。

30多年间，多批海安支教老师克服高原气候、人地两生、语言障碍等困难，累计为宁蒗培养初、高中毕业生2万多名，输送大、中专生1万多名，为宁蒗经济社会发展提供强有力的人才和智力支撑，书写了东西部教育帮扶的时代传奇。

宁蒗泸沽湖

如何坚持教育优先发展，坚守为党育人、为国育才，努力办好人民满意的教育？留得住的支教团就是一个好方法！

■ 推动教育均衡发展

## 02 ››› 每个人都有发展机会

党的二十大报告明确指出："就业是最基本的民生。……统筹城乡就业政策体系，破除妨碍劳动力、人才流动的体制和政策弊端，消除影响平等就业的不合理限制和就业歧视，使人人都有通过勤奋劳动实现自身发展的机会。"

2022年5月，《国务院办公厅关于进一步做好高校毕业生等青年就业创业工作的通知》发布，其中明确指出："用人单位根据工作岗位实际，合理确定入职体检项目，不得违法违规开展乙肝、孕检等检测。"

乙肝是乙型肝炎的简称，是由乙肝病毒引起的、以肝脏炎性病变为主的传染性疾病，是全球危害人类健康的主要疾病之一。乙肝传播途径包括血液传播、母婴传播和性传播。其中，乙肝母婴传播是母婴传染导致的，而不是遗传导致的。乙肝不通过消化道传播，因此不会通过吃饭传播，也不会通过呼吸道传播，更不会通过一般的蚊虫叮咬传播。不少人对乙肝病毒存在认识误区，导致乙肝患者或乙肝病毒携带者的就业机会受到影响。党的十八大以来，党和国家采取科学普及乙肝知识、加强政策保护等措施，保障乙肝患者或乙肝病毒携带者享有公平的就业机会。

## ◎●◎ 加大科学普及，营造良好的就业环境

从2011年起，世界卫生组织将每年的7月28日定为“世界肝炎日”，围绕防治肝炎进行科普宣传。防治肝炎知识的宣传普及，其中一项重要内容就是宣传普及病毒性肝炎如何进行传播以及我们如何做好自身防护。就乙肝病毒而言，日常生活和接触不会传播乙肝病毒，社会公众不必对乙肝患者或乙肝病毒携带者感到恐惧和抵触。对于乙肝患者或乙肝病毒携带者而言，他们本身就承担着比健康人更多的压力，全社会应该给予更多关心、理解和支持。

党的十八大以来，党和政府通过多种措施，在全社会宣传普及防治肝炎知识，消除因无知带来的误解和恐惧。2022年7月28日“世界肝炎日”的宣传主题是“防治肝炎　健康

你我”，旨在号召公众积极主动接种肝炎疫苗，主动进行体检了解肝脏健康状况，慢性病毒性肝炎患者接受规范的抗病毒治疗，全面遏制病毒性肝炎对人类健康的威胁。

多个主流媒体对防治肝炎的知识进行了宣传。其中，央视网在“世界肝炎日”的科普宣传中，不仅介绍了肝炎的种类、特征及如何防治的问题，而且专门引用专家的观点，特别强调乙肝是不会经过呼吸道和消化道传播的，日常接

触乙肝患者不必过度担心。

2023年“世界肝炎日”，我国的宣传主题是“坚持早预防，加强检测发现，规范抗病毒治疗”。

## ◎●◎ 加大政策保护的力度，保障公平的就业权利

党的十八大以来，国家出台或修订《中华人民共和国就业促进法》《就业服务与就业管理规定》等，保障传染病病原携带者的就业机会。例如，2015年4月，全国人大常委会颁布了修正后的《中华人民共和国就业促进法》，其中第三十条规定：“用人单位招用人员，不得以是传染病病原携带者为由拒绝录用。但是，经医学鉴定传染病病原携带者在治愈前或者排除传染嫌疑前，不得从事法律、行政法规和国务院卫生行政部门规定禁止从事的易使传染病扩散的工作。”

2022年1月，人力资源和社会保障部颁布了经修订的《就业服务与就业管理规定》，第十九条中明确规定：“用人单位招用人员，除国家法律、行政法规和国务院卫生行政部门规定禁止乙肝病原携带者从事的工作外，不得强行将乙肝病毒血清学指标作为体检标准。”这些法律法规明确要维

就业
政策
助力

护乙肝病毒携带者的正当就业权利，促进公平就业，保护其隐私权。

如今，除了特殊的行业，如饮用水的生产、管理、供应工作，饮食服务行业的经营、服务工作，等等，传染病病原携带者获得了法律保障的诸多工作机会。

不仅如此，随着社会公众的法治意识日益增强和相关制度的日益完善，乙肝患者或乙肝病毒携带者在面对不公平、不正义的现象时，越来越懂得举起法律武器捍卫自己的权利。他们可以通过起诉的方式表达合理诉求，维护自己的合法权益。用人单位招工时如果歧视他们致使劳动合同无法缔结，要承担缔约过失责任。

党的二十大报告明确指出："使人人都有通过勤奋劳动实现自身发展的机会。"是的，每一位愿意通过自身的勤奋劳动获取劳动果实的人，都不该因为不合理的歧视问题而丧失就业机会。让乙肝患者或乙肝病毒携带者不再受到区别对待，让他们的就业问题不再是问题，让他们的生活越来越好，这就是最大的公平与正义！

## 03 >>> 做一个有良心的法官

“做一个有良心的法官！”这是邹碧华的母亲告诫儿子的话，邹碧华将其作为工作的准则和信条。邹碧华认为“有良心”一要敢于“讲真话”，二要“具备极强的专业素养”。事实证明，他做到了。法律学界称他为“学者型法官”。

> 公正司法是维护社会公平正义的最后一道防线。作为最后一道防线，公正司法对实现社会公平正义具有重要保障作用。一旦这道防线被冲破，出现司法不公现象，就会给社会公平正义带来致命破坏。

为了做好工作，邹碧华经常“工作连轴转”，夜里两三点钟休息是常态。他有三句口头禅：“没事，我不累！”“你们先去忙吧！”“没事，有我在就行！”邹碧华将克己奉公、尽心职守淋漓尽致地体现在日常工作中，可以说母亲对他的告诫实实在在地被他放在心里，仔细落实了。

“我们那时候总是麻烦他，真是把他累坏了！”曾经的一位上访者在邹碧华去世后说道。

2008年，独居在阁楼的一位80多岁的老太太在一起火灾中死亡，儿子把物业公司告上法庭。根据消防鉴定和法院的调查，火灾很可能是老太太用电不当引起的，法院判决原告败诉。由于不服一审、二审的判决结果，老太太的儿子开始不断上访。

2013年5月，邹碧华得知这个情况后，主动接待了老太太的儿子。“法律是僵硬的、冰冷的，我们是否能把法官的人文温暖，延伸到法律之外？”之后，邹碧华带队勘察了火灾现场。发黑的楼梯只有几十厘米宽，窄小的楼板让人心惊胆战，邹碧华只能弯着腰往上走。阁楼顶上悬挂着一只灯泡，一张简陋的床斜斜地靠着“老虎窗”。可想而知，老太太在这种环境下遭受了多大的不幸。

他对同事说：“作为法官，一定要善待信访人，善待他们等于善待自己，我们都有父母。”“这个案子的判决没有问题。但我们做法官的既要善解法律，也要善解人意。这样一位60多岁的老人为了母亲的事四处奔波，我们一定要将心比心，要让他感受到法律对人格、对情感的尊重，这才是法律真正强大的力量。”

邹碧华发现，火灾发生时，附近消防栓居然不能出水。调查得知，地铁建设方因施工不善，破坏了消防功能。邹碧华带队顺藤摸瓜，要求相关责任人承担各自责任。最终，电力部门、地铁建设方、道路施工方等均承担相应的社会责任，筹措资金予以上访者人道赔偿。结果让上访者非常满意。

邹碧华为信访工作推出了“群众接待场景65例”，包含立案、审理、执行、信访等程序的各个环节。邹碧华安排法院相关人员前往银行、酒店学习现代礼仪规范，他说：“我们要用五星级的服务，换得大家对我们工作的理解和支持。”“一个人，一个团队，只要热爱自己的职业，用心做事，许多问题就会迎刃而解。”

中国特色社会主义进入新时代，久经磨难的中华民族迎来了从站起来、富起来到强起来的伟大飞跃，创造了世所罕见的经济快速发展奇迹和社会长期稳定奇迹。习近平总书记在党的二十大报告中指出，十年来，我们“采取一系列战略性举措，推进一系列变革性实践，实现一系列突破性进展，取得一系列标志性成果，经受住了来自政治、经济、意识形态、自然界等方面的风险挑战考验，党和国家事业取得历史性成就、发生历史性变革，推动我国迈上全面建设社会主义现代化国家新征程。”中国之治取得伟大历史性成就，得到了最广大人民群众的衷心拥护和支持。

# 『中国之治』的奥秘

## 01 >>> “天大的小事”

“厕所革命”最早由联合国儿童基金会提出，是对发展中国家的厕所进行改造的一项举措。厕所是衡量文明的重要标志，改善厕所卫生状况直接关系到这些国家人民的健康和环境状况。

公厕作为城市的基本公共服务设施，不仅代表着一个城市的形象，也是反映一个城市治理水平的重要窗口。党的十八大以来，习近平总书记高度重视“厕所革命”这项基础性民生工作，强调“厕所问题不是小事情，是城乡文明建设的重要方面”。

湖南省株洲市以多元共治深化“厕所革命”，将公厕建为“建宁驿站”，走出了一条以城区“厕所革命”推动社会治理的创新之路。

## ◎●◎ 小厕所，大民生

“你相信吗？我们的公厕就像景点一样，在株洲，约你来公厕坐坐、喝茶、阅读，别以为是假的！”株洲市民对“建宁驿站”的建设充满了幸福感。

株洲古称建宁，驿站是指古代供传递政府文书的人及往来官员中途更换马匹或休息、住宿的地方。“建宁驿站”成为株洲的一张独特名片。株洲市打破了将城区公厕建在偏、远、差的犄角旮旯处这种传统选址观念，创造性地将其建在了老百姓最需要、人流量最大的地方，把“建宁驿站”布局在城区街两旁、江两岸、桥底下、公园里、社区中，并逐步扩大到新城区、工业园区、城郊乡镇，基本实现了城区建成区全覆盖。

“建宁驿站”的内部处处显露着对民众生活点滴的关切。“建宁驿站”提高了女厕位的比例，修建了无障碍设施，设置了母婴护理台、婴幼儿如厕设备等贴心装置。夏天有凉风，冬天有热水，提供手纸、洗手液、急救药箱、手机充电、Wi-Fi、雨伞租赁、体重仪、便民擦鞋机等数十项便民用品或服务。株洲的“厕所革命”不仅让普通市民感到方便，更让老幼病残孕等特殊人群的出行再无“后顾之忧”。

以前，部分人因身体原因外出不便，又要考虑如厕等基本需求，宅在家里的时间居多；如今，他们可以放心地出门在城市活动。

自2018年11月第一座“建宁驿站”建成以来，人民群众的获得感、幸福感大大增强。“建宁驿站”被老百姓誉为“最暖心的民生服务”“没有VIP的民生工程”。

## ◎●◎ 小厕所，大“治”慧

株洲市高度重视“小厕所”问题，以“厕所革命”为契机，突出全民共建共治共享，把“建宁驿站”打造成为现代化社会治理的样板工程，进而提升城市公共服务质量，推进了城市治理体系和治理能力现代化。

株洲市委、市政府牵头，整合工会、共青团等组织的资源和力量，坚持将共建共治共享的理念贯彻始终，把每一座“建宁驿站”都打造为城市治理的延伸平台，先后在“建宁驿站”设立了城管党员先锋岗、户外劳动者港湾、青年之家、劳模示范岗、大学生勤工俭学助学岗、志愿者服务岗等，发动群众广泛参与，集聚众人之智和众人之力，提高城区的治理效能，实现社会治理的现代化。此外，株洲市还把政务服务自助终端纳入“建宁驿站”的服务范畴，并通过统一造型、统一标识、统一标准的“建宁驿站”，整合了周边的环卫休息区、城管执法亭、公安执勤点、交警执勤点、献血屋、智能书屋等零散建筑，同时设置了小型便利店、小型就餐台、休息座椅等便民商业配置，让公厕登上了“大雅之堂”，成为城市的一道亮丽风景线。如今“建宁驿站”圈粉无数，原本出现在公厕周边的乱扔垃圾、随地吐痰、乱贴乱画、偷手纸等不文明行为也基本消失。小驿站促进了广大市民文明习惯的养成，实实在在地激发了民众的生活热情，推动了城市文明的进步。

株洲市的“小厕所”反映了现代化社会治理中的大智慧。广大市民纷纷通过留言簿留言、写感谢信、开座谈会等方式，为“厕所革命”点赞。

株洲市的“厕所革命”彻底颠覆了人们对城市公厕的认知，“建宁驿站”不仅是集如厕、休息、便民服务、文化展示等功能于一体的公共服务综合体，更是现代化社会治理的样板工程，小小的厕所衍生出了远超其本身实用价值的新的时代意义。

## 02 >>> “枫桥经验”持续走红

在浙江省诸暨市枫桥镇，古朴典雅的枫桥经验陈列馆吸引着往来游客，游客们在陈列馆中沉浸式地感受着中国政法战线和基层社会治理的时代变迁。“枫桥经验”是如何诞生的呢？为什么这个陈列馆能吸引如此多的游客呢？

习近平同志高度重视坚持和发展“枫桥经验”。2003年在浙江工作时，明确提出要充分珍惜“枫桥经验”，大力推广“枫桥经验”，不断创新“枫桥经验”。党的十八大以来，习近平总书记提出了一系列社会治理的新理念新思想新战略，特别是对坚持发展“枫桥经验”作出重要指示，要求把“枫桥经验”坚持好、发展好，把党的群众路线坚持好、贯彻好。党的二十大报告指出，要“在社会基层坚持和发展新时代‘枫桥经验’，完善正确处理新形势下人民内部矛盾机制”。

## ◎●◎ “枫桥经验”的诞生

1963年秋天，在全国农村开展的社会主义教育运动试点中，浙江省诸暨县（现诸暨市）枫桥镇广大党员干部创造了“发动和依靠群众，坚持矛盾不上交，就地解决，实现捕人少，治安好”的经验。毛泽东听说后充分肯定了枫桥镇的做法和先进经验，指出：“这叫矛盾不上交，就地解决。”1963年11月，公安部调查组赶赴枫桥开展调查研究，提炼总结出了“枫桥经验”。至此，“枫桥经验”正式诞生。在毛泽东作出“要各地仿效，经过试点，推广去做”的批示后，1964年1月，中共中央印发文件，把“枫桥经验”推向全国。

此后全国各地掀起了学习推广“枫桥经验”的热潮，“枫桥经验”成为全国基层治理和政法战线的一面旗帜。

## ◎●◎ 坚持和发展新时代“枫桥经验”

中国特色社会主义进入新时代，我国基层社会治理也面临着新的考验。发扬优良作风，适应时代要求，创新群众工作方法，为新时代坚持“枫桥经验”提出了新的要求。

浙江诸暨枫桥古镇夜景

2017年，诸暨市公安局枫桥派出所将自发性的社会力量组织起来，成立“红枫义警”，开展群防群治和辅助性警务活动。在枫桥镇，经常可以看到“红枫义警”队员走街串巷，向商户宣传防盗、防骗等知识。暑期在枫桥镇的枫溪江边，也总能看到他们向群众宣传防溺水安全知识的身影。现在，“红枫义警”已遍布枫桥镇各个行政村，吸引着越来越多的社会力量参与到社会基层治理之中，被群众称为新时代枫桥“新警力”。村民们都说：“现在我不管多晚出门都不担心了。”看着“红枫义警”的身影，他们觉得很有安全感。以点带面，串珠成线，枫桥镇群众已经成为基层社会治理的主角，形成了一道道美丽的风景线。

浙江枫桥干部群众创造了依靠群众就地化解矛盾的“枫桥经验”，并根据形势变化不断赋予其新的内涵，成为全国社会治安综合治理战线的一面旗帜。

## ◎●◎“枫桥经验”的旗帜高高飘扬

随着时代的发展，“枫桥经验”被赋予了新的时代内涵，成为新时代行之有效的基层治理方式，并且在全国各地得到推广、学习和实践。

“调解可以，但是我只相信秀秀！”江西宜春高安的一位居民和小区物业公司发生矛盾，在付秀秀的调解下，双方达成和解。原来，这位居民家中房屋出现漏水问题后，物业公司迟迟不予解决，一怒之下，这位居民干脆拒交物业费，也拒绝跟物业公司协商。但当王女士知道调解员是“中国好人”付秀秀后，立即同意调解。“秀秀调解工作室”的调解实践，只是宜春人民调解利用个人品牌化解矛盾纠纷的一个缩影。

“快打电话给‘正和调解室’，他们准能解决这个问题！”眼见李女士与王爹爹在葡萄园里闹得不可开交，旁人灵机一动说道。这位居民口中的“正和调解室”是2021年3月武汉市公安局东山派出所借鉴“枫桥经验”成立的矛盾调解组织。大家闹矛盾的时候，都喜欢找“正和调解室”说道说道。这次也不例外，调解室的负责人林正和在接到居民的求助电话后，立刻赶到了葡萄园。经了解，原来是上班快要迟到的李女士飞速地骑着电动车赶往单位时，不小心撞倒了王爹爹田边的葡萄架。经过林正和的一番沟通调解，双方终于冷静下来，并相互谅解。

新时代“枫桥经验”催生的不仅仅有江西宜春的“秀秀调解工作室”、湖北武汉的“正和调解室”，还有云南曲靖的“啄木鸟义务巡逻队”、四川内江的“甜城义警”、河南兰考的“讲理堂”、辽宁大连的“智慧代办区”等。“枫桥经验”作为基层社会治理的有效方案，已经在全国遍地开花。

2019年以来，新时代“枫桥经验”被陆续写入《中国共产党农村基层组织工作条例》《中共中央关于坚持和完善中国特色社会主义制度　推进国家治理体系和治理能力现代化若干重大问题的决定》《中共中央关于党的百年奋斗重大成就和历史经验的决议》和党的二十大报告，成为坚持和完善中国特色社会主义制度，推进国家治理体系和治理能力现代化的有机组成部分。新时代“枫桥经验”为完善我国基层社会治理体系，保障国家长治久安、人民安居乐业，发挥了重要作用。

新时代“枫桥经验”让“矛盾不上交、平安不出事、服务不缺位”成为社会治理的一面旗帜，是“中国之治”的典范与标杆。

## 03 “闽宁模式”的制度优势

2021年，以“闽宁模式”为主题的电视连续剧《山海情》，作为“理想照耀中国——国家广电总局庆祝中国共产党成立100周年电视剧展播活动”剧目，在众多卫视黄金时段播映，多个视频网站同步上线，受到广大观众热烈追捧。为什么《山海情》如此受广大观众喜爱呢？因为《山海情》

东西部协作，原为东西部扶贫协作，即东部发达省市与西部贫困地区结对开展扶贫协作，是国家为实现共同富裕目标作出的一项制度性安排。2021年2月，在全国脱贫攻坚总结表彰大会上，习近平庄严宣告：“我国脱贫攻坚战取得了全面胜利”。“东西部扶贫协作”改称“东西部协作”，成为下一步乡村振兴战略中要继续坚持和完善的制度之一。

上演的是发生在中国大地上的真实的扶贫故事。

## ◎●◎ 可爱的援宁群体来了

1996年，党中央、国务院作出了东西部扶贫协作的决策部署，其中确定福建省对口帮扶宁夏回族自治区。自此，远隔千山万水的闽宁两省区结下了不解之缘，一批接一批温暖的福建援宁人，从闽江水畔来到六盘山下。1997年4月，时任福建省委副书记同时也是福建对口帮扶宁夏领导小组组长的习近平第一次来到宁夏，带着福建人民的深情厚谊，深入贫困地区考察，为闽宁对口扶贫协作作出顶层设计，亲自为“闽宁村”命名。一批批生活在西海固山区的农民，怀揣着对美好生活的向往来到闽宁村。在这片土地上，积极投入生产建设，不断完善基础设施，用汗水建设着新家园。

1997年，被称为“菌草之父”的福建农林大学菌草研究所所长林占熺带着6箱草种来到宁夏，与贫困群众同吃住，手把手、面对面地在这里推广菌草种植技术。2006年，身为独生女的李丹瞒着父母来到宁夏隆德县支教，翻山越岭走访贫困学生，自掏腰包为学生添置生活用品。支教期满回到福建后，李丹被确诊为白血病。在生命的尽头，她仍惦记着自己资助的两个贫困学生。2007年，福建晋江的商人陈德启来到宁夏，考察后很快就作出人生中最重要的一个决定：投资2亿元修建葡萄园。他说这个地方处于酿酒葡萄种植的“黄金地带”，有良好的日照，也有灌溉用水，一定能种出最好的葡萄，能酿出最好的葡萄酒。功夫不负有心人，经过改进，他们种下的葡萄成活率超过九成，酿成的葡萄酒多次获得国际大奖。

1996年以来，闽宁对口扶贫协作援宁群体遵循“优势互补、互惠互利、长期协作、共同发展”的方针，主动扛起对口帮扶宁夏脱贫攻坚的历史使命，先后约有200名援宁干部接力攀登，数千名专家院士和支教、支医、支农工作队员以及志愿者等，勇于牺牲、乐于奉献，与宁夏人民一起用智慧和汗水创造了东西部扶贫协作帮扶的“闽宁模式”。

## ◎●◎ 宁夏的“逆袭”

截至2020年7月，在闽宁对口扶贫协作援宁群体等的奋力帮扶推动下，宁夏建设了闽宁示范村160个，妇幼保健院、医护培训中心等卫生项目323个，新（扩）建学校236所，资助贫困学生9万多名，培训教师近万名。不只是加快医疗卫生、文化教育等基础项目发展，宁夏还借助东部地区的资金、技术和人才等要素，逐渐培育出了酿酒葡萄、红树莓、肉牛养殖等产业，驶上了脱贫致富的“快车道”。

十多年前，马燕全家从山沟里搬迁到闽宁镇，感觉能在这里生活真的很幸运。她说：“这不，随着闽宁镇的发

闽宁镇共同富裕示范区

展变化，我们家这十年也攒了些钱，去年新建好了几间房，跟十年前的深山窑洞比，变化翻天覆地！幸福无法用言语来形容。”如今的马燕在自己家门口就可以工作赚钱，直播带货、文旅接待，每月收入大幅增加。

自闽宁协作启动以来，在闽宁对口扶贫协作援宁群体等的倾力帮扶以及闽宁两省区扶贫干部和贫困群众的共同努力下，宁夏特别是闽宁镇脱贫成绩突出。2020年，宁夏全区80.3万建档立卡贫困人口全部脱贫。2022年，宁夏脱贫人口人均纯收入增长16.3%，脱贫县农村居民人均可支配收入增长8.5%。其中，闽宁镇2022年脱贫户及监测对象人均可支配收入较上一年度增长15%。

闽宁镇的发展

| 年份 | 人口 / 万人 | 人均可支配收入 / 元 |
|---|---|---|
| 1997 年 | 0.8 | 500 |
| 2021 年 | 6.6 | 16098 |

2020年7月3日，中央宣传部授予闽宁对口扶贫协作援宁群体“时代楷模”称号。2021年2月25日，党中央、国务院

授予闽宁对口扶贫协作援宁群体“全国脱贫攻坚先进集体”称号。

## ◎●◎ 归“根”在制度优势

闽宁对口扶贫协作取得的巨大成就，是中国特色社会主义制度优势的集中体现。

闽宁镇党委副书记杨青说：目前闽宁镇基础设施完善，村容村貌整洁，移民群众团结和睦，社会和谐稳定，“村村有产业、户户能致富”。昔日杳无人烟的“干沙滩”变成百姓富裕的“金沙滩”，移民群众的获得感、幸福感、安全感全面提升，大家感恩我们伟大的党。

2016年习近平总书记考察宁夏时，看到今非昔比的变化，无比感慨地说道：“1997年我到这里，当时策划的搞了个移民吊庄工程。搞这个闽宁村，生活收入增长了几十倍，20倍，500元到现在1万多元。这个只有谁能做，只有共产党能够做，我们社会主义制度能够做，别的地方是做不成的，体现我们制度和政治的优越性。”

闽宁镇原隆村

中华民族有着悠久的历史。从遥远的古代起，中华各民族人民的祖先就劳动、生息、繁衍在中华大地上，共同为延续中华文明和建立统一的多民族国家贡献自己的才智。各民族团结友爱，是中华民族的光荣传统，是社会主义民族关系的生动体现，是中华民族繁荣发展的重要保证。正因为如此，习近平总书记在党的二十大报告中强调指出：“以铸牢中华民族共同体意识为主线，坚定不移走中国特色解决民族问题的正确道路，坚持和完善民族区域自治制度，加强和改进党的民族工作，全面推进民族团结进步事业。”

# 5

# 各民族像石榴籽一样紧紧抱在一起

## 01 ››› 爱国戍边的“帕米尔雄鹰”

“南湖红色的光照亮帕米尔高原，在晨曦中，我祖父凯力迪别克露出笑颜……祖父和父亲的精神鼓舞着我雄鹰般飞翔，我以钢铁般的意志，日夜巡逻在冰峰雪岭间。”优美的诗歌里，澎湃着赤诚之情。这是拉齐尼·巴依卡自己创作的诗歌《南湖》，也是他朋友圈的最后一条动态信息。

护边员是指边防部队设在边境一线，协助守边护边、维护边防安全和稳定的群众性力量。群众护边员熟悉地理环境，在收集越境信息和管控牲畜越界上有优势。护边员不特指某一类职位，户哨、信息员以及负责护边事务的牧民等都属于护边员。从业者需要具备较强的爱国情怀和观察能力。

红其拉甫哨所

## ◎●◎ 一家三代守边疆

拉齐尼·巴依卡的家乡在帕米尔高原腹地，当地平均海拔超过4000米，含氧量只有平原的一半左右，常年风力在7级以上，被称为“生命禁区”。拉齐尼·巴依卡是一名帕米尔高原上的塔吉克族护边员。他的祖父、父亲先后都曾担任义务护边员，把护国守边作为崇高的使命。

中华人民共和国成立后，塔什库尔干塔吉克自治县的红其拉甫边防连随之成立，这里有一条全军最长的陆地巡逻线，由于地势险要，又没有经验丰富的向导，巡逻十分困难。拉齐尼·巴依卡的祖父凯力迪别克·迪力达尔自告奋勇，义务给连队当起了向导，开启了家族的“护边史”。1972年，拉齐尼·巴依卡的父亲巴依卡·凯力迪别克主动从年迈的凯力迪别克·迪力达尔手里接过护边的“接力棒”，他与连队战士们一起爬冰卧雪、戍边巡逻，数次帮助战士们化险为夷，被当地军民亲切地称为边防线上的“活地图”。

拉齐尼·巴依卡从小就跟着父亲巴依卡·凯力迪别克学习查勘地形、探路、熟悉地理环境，立志成为一名护边员。从部队退伍后，拉齐尼·巴依卡脱下军装换便装，依旧初心不改。他从父亲手中接过“接力棒”，成为红其拉甫边防部队的义务巡逻向导，守卫着这条最艰险的边境线。拉齐尼·巴依卡说：“这辈子要一直做一名不穿军装的边防战士，永远守好祖国的边境线。”

从祖父参加护边以来，拉齐尼·巴依卡家先后有10头牦牛累死在巡逻路上，9头牦牛摔伤。这一家三代人每次巡逻都要带上水泥和油漆，用水泥修补界碑，用红漆描红“中国”二字。“没有祖国的界碑，哪有我们的牛羊。为国护边是我们家的荣耀！”拉齐尼·巴依卡常把这句话挂在嘴边。

## ◎●◎ 英雄足迹遍山野

在这条全军最长、地势险要、天气恶劣的巡逻线上为战士们带路，意外当然不可能避免。

2011年11月，拉齐尼·巴依卡带着巡逻的战士们奔波在有着“死亡之谷”之称的吾甫浪沟。天气骤变，这支巡逻队伍遭到了暴风雪的袭击。走在前面的战士皮涛突然从牦牛背上摔了下来，滑入了雪洞。周围的冰雪还在不断地塌陷。拉齐尼·巴依卡迅速爬到雪洞旁边，不顾寒风刺骨，脱下衣服打成结，做成绳子，花了2个小时的时间，终于将皮涛从死亡线上救了出来。而拉齐尼·巴依卡自己却被冻得不省人事，送到医院抢救了3个小时才脱离危险。痊愈后不久，他又骑着牦牛给巡逻的战士们带路去了。

还有一次，巡逻中出现了山体滑坡，之前的标记和道路都被埋没。拉齐尼·巴依卡毫不犹豫地对战士们说：“再难再艰险我都会带你们渡过难关，放心吧。”说完，拉齐尼·巴依卡立即起身探路。山上碎石不断滑落，突然一块石头击中了拉齐尼·巴依卡的额头，鲜血直流。但他只简单地处理了伤口，便强忍剧痛，继续探路。2个小时后他终于找到了一条比较安全的石壁路，护卫战士们安全通过。“他是英雄！他的足迹遍布了帕米尔。”士兵刘宗鑫一字一句认真地说。

拉齐尼·巴依卡把为国守边当作自己的终身事业，帕米尔高原边防线上的每一块界碑、每一条河流、每一道山沟都留下了他高大的身影。

## ◎●◎ 身死犹存卫山河

2021年1月4日，正在喀什大学进行培训的拉齐尼·巴依卡与室友一同走在去餐厅吃饭的路上，突然听到一阵撕心裂肺的呼救声。循着声音，他向湖边急奔而去，只见一个孩子跌入了人工湖的冰窟。拉齐尼·巴依卡没有丝毫犹豫，冲上冰面，直奔落水的孩子。当孩子被成功救起时，托举生命和希望的拉齐尼·巴依卡却永远离开了我们。

“我生活在一个好时代，国家的政策好，我们的生活好。我向习近平总书记和党中央保证，一定会守好边境线，并且要一代一代守下去，让伟大祖国永远平安……”斯人已逝，话音犹在。中国共产党党员、全国人大代表拉齐尼·巴依卡铿锵的誓言仿佛仍然回荡在帕米尔高原的群山之巅，化作翱翔的雄鹰守护在祖国边境线上。

帕米尔高原雪山前的雄鹰广场

## 02 >>> 用爱浇灌“民族花朵”

民族学校是只招收或者主要招收少数民族学生的学校。民族学校的学制、教学计划、入学年龄以及授课使用的语言文字等，均根据不同少数民族和民族地区的具体情况确定。这是国家对民族学校实行的特殊政策和措施。

“五十六个民族五十六朵花，朵朵哟那个开在阳光下，党把雨露洒下来，万紫千红放光华……”对于浙江永康堰头小学的几百名少数民族的“花朵”来说，校长马兰珍就是培育和守护他们的辛勤园丁。

### ◎●◎“红石榴”党建种下石榴籽

浙江省永康市有50多万外来建设者，其中少数民族接近13万人，随迁子女在当地借读的已超过4万人。堰头小学是一所典型的输入型少数民族学校，学生绝大部分是随迁子女，其中一部分是来自全国各地20多个少数民族的学生。为了让来自全国各地各民族的“花朵”能够健康成长，校长马兰珍创建了“红石榴”党建品牌，提高党员教师的觉悟和素养，充分发挥基层党组织的战斗堡垒作用和党员的先锋模范作用，以支部建设为基础续写民族团结进步的新篇章。

马兰珍举办了党员教师与少数民族家庭结对活动。每位党员教师与一名困难少数民族学生家庭结对，形成一对一帮扶小组。党员教师充分发挥了先锋模范作用，他们与结对的少数民族学生家庭展开深入交流，与家长交心，对学生耐心细致辅导，不定期地看望困难的少数民族学生，使这些特殊的少数民族家庭感受到堰头小学党支部的温暖。

党群融合、家校融合、民族交融是堰头小学“红石榴”党建工作的追求目标。马兰珍说，今后，学校党支部会继续将党建工作和学校民族团结工作深度融合，把民族团结工作推上一个新的台阶。

## ◎●◎ 仁爱之心浸润“民族花朵”

由于各民族风俗习惯的不同以及语言的障碍，刚到这里上学的孩子大多缺乏安全感和归属感。而且，每个孩子的学习基础也不一样，有的新转入学生还不会说普通话，也基本没上过英语课。为了让学生尽快适应这里的新环境，马兰珍没少费心思。

马兰珍根据学生们不同的起点，为他们量身定制了“小步子教学法”。学校的老师们放慢步调，将课时目标进行细分，根据不同学生的基础和起点设计教学方案，更加注重课堂上师生的交流互动，慢慢地将各民族一个个懵懂的孩子引入了知识殿堂。

有一名10多岁的土家族男孩，他的父母一直忙于物流生意，便把他托付给他的叔叔照顾。开学一个多月的时间，他每天只能靠电话、微信联系父母，本来外向阳光的他，变得内向起来。了解到这一情况，马兰珍和他进行了亲切的交流。马兰珍还与他的父母取得联系，希望他们工作之余，不要忽略对孩子的关心呵护。同时，马兰珍还及时与学科教师沟通，希望老师们做好教学的衔接，对有需要的学生进行个别辅导。有一天，小男孩开心地告诉马兰珍：“我已经和父母见面了，谢谢老师。”他又恢复了从前阳光开朗的样子。

马兰珍为了能和学生们有更多的时间在一起交流，一直坚持坐公交车上下班，有时候她会提早两站下车，跟学生边走边聊。就这样，马兰珍成了孩子们的知心人，用自己的仁爱之心浸润着堰头小学的“民族花朵”。

## ◎●◎“一墙一廊一窗一操”构筑团结大家庭

不同的地域、不同的学习基础、不同的民族文化背景……如何让有着这么多不同的孩子彼此认同、接纳、交融，也是马兰珍思索的一个重要问题。从2010年起，马兰珍带领同事以“民族文化”滋养育人，努力将学校打造成一个温馨、和睦、融洽、奋进的多民族大家庭，让“民族花朵”落地生根、快乐绽放。

为营造民族团结一家亲的氛围，马兰珍带领教师们精心设计了“一墙一廊一窗一操”：在操场四周绘制了长达300余米的民族文化墙，展示各民族的风土人情、民俗习惯；在餐厅布置了一条“舌尖上的民族美食”文化长廊，展示各民族的特色美食；设置了一排民族文化宣传窗，展示各民族不

民族团结

同的文化背景；将藏族、白族、土家族、彝族、苗族、布依族6个民族的经典舞蹈融合编排成独具风味的“民族操”，以此代替传统的课间操。

为了帮助孩子们走入更广阔的天地，马兰珍带领老师们别出心裁地将民族团结的理念融入课程中，开发出独具特色的“民族村”拓展性课程，包括民族音乐、民族美术、民族体育、民族知识等领域的24门课程。不仅如此，他们还在学校成立了“七彩民族合唱团”“民族舞蹈团”“葫芦丝民族乐器团”等民族艺术团，每年定期举办民族文化周主题活动，增进不同民族同学之间的友情，铸牢了孩子们的中华民族共同体意识。

如今，堰头小学已经成为永康市民族团结工作的一张“金名片”，被评为“全国民族团结创建示范单位”。十多年间，马兰珍用真心和激情点燃一盏盏心灯，照亮孩子们未来的路，让学校成为呵护孩子们成长进步的多民族大家庭。来自各民族的孩子们像石榴籽一样紧紧相拥，携手同心写下了别样的民族团结故事。

# 03 >>> 毛南族整族脱贫记

## ◎●◎ 昔日贫困的环江毛南族自治县

> 毛南族是我国人口较少的民族之一，其聚居的广西壮族自治区环江毛南族自治县是全国唯一的毛南族自治县。全国约70%的毛南族群众集中居住在这里，全县有72个毛南族聚居村。毛南族人善石雕、竹编，尤以制作精致的竹笠著称。

毛南族聚居的环江毛南族自治县位于广西西北部，地势西南高，东北低。境内有着价值独特的喀斯特地貌，山地、丘陵、峰丛洼地、峰林谷地交错发育，重峦叠嶂，千峰林立。毛南族同胞居住的地方，分成两个不同的地段。东北段是半石山区，也叫半平原区，群山之间分布着大大小小的田峒。西南段是大石山区，与东北段相比，这里山高谷深，地势险峻，人烟稀少，在崇山峻岭之间形成蜂窝状的大小峒场。

受到自然、历史等方面的因素限制，环江交通不便、信息闭塞，经济发展相对滞后，是广西最贫困的地区之一。村民在回想起过去的生活时，慨叹道：以前在老家的时候生活条件很艰苦，水、电、路都不通，生活很困难。石头缝里种粮食，七分种三分收……毛南族同胞长期以来处于贫困状态，2015年环江全县贫困发生率达19.56%，其贫困程度之深可见一斑。

## ◎●◎ 脱贫攻坚有良方

长期以来，饮水难是困扰毛南族群众的“老大难”问题。尤其是下南中心小学，因地势较高，教室、宿舍、卫生间不能正常用水，学校食堂做饭用水也很困难。

为解决饮水难题，2017年年初，环江动工建设下南乡集中应急供水工程，从下南乡政府15千米外的河里抽水、引水。建设抽水泵站，修建高位蓄水池，架设配套供电设施，铺设主干、分支输水管道……2019年6月，总投资2500多万元的下南乡集中应急供水工程竣工并投入使用，一股股甘

贵南高铁助力乡村振兴

泉翻山越岭，经高位水池、水厂净化后涌向下南乡毛南族村寨和集镇，解决了下南乡约1.5万名毛南族同胞的饮水难题，下南中心小学的师生再也不会为用水问题发愁了。2019年年底，毛南族贫困人口饮水安全问题已全部解决。

要想富，先修路。2022年8月17日，贵南高铁九万大山四号隧道安全顺利贯通。这条隧道全长15485米，位于环江境内。贵南高铁的修建既为民众的出行提供了便利，又给毛南族同胞创造了许多工作岗位，为助力乡村振兴注入了动力。据统计，在贵南高铁建设工地，共聘用毛南山乡的务工人员约千人。50多岁的莫海东便是其中一员。此前他一直靠打零工维持生计，收入低且不稳定。在隧道开工后，他应聘成为一名隧道喷锚工，每月收入6000余元，比以前高了一倍，生活水平显著提高。

面对“出行爬坡上坎，一里挂九梯”的困难，国家组织近2万名村民搬出大山，住上了政府修建的安置房；面对用电难的困境，国家投资5.6亿元改造升级各村电网，家家户户用上电；面对贫困的窘境，国家结合当地资源优势，大力培植扶贫产业，动员群众发展桑蚕、甘蔗、香猪等特色种养项目，大力培育红心香柚、油茶等可持续发展的主导产业，使贫困人口人均纯收入从2015年的3570.9元增加到2019年的11756.7元，生活条件得到了极大改善。

如今，贵南高铁贯通通车，途经环江的贵州荔波至河池德胜高速公路正有序推进。随着交通的发展，环江的景色与毛南族的魅力将被更多的人看见，环江的经济将会得到更好的发展。

## ◎●◎ 全面建成小康社会，一个民族都不能少

经过各方努力，环江贫困发生率从2015年的19.56％下降到2019年年底的1.48％，4年内共减贫6.53万人。毛南族同胞在党的政策支持下，生活水平不断提高。“这几年，从

广西环江牛角寨瀑布群一景

我们村民的吃穿住行，到医疗保障、产业发展、子女教育等，都发生了很大的变化，这都要感谢党的好政策啊！”环江南昌屯的毛南族村民谭壮敏讲起屯里的变化，感慨万千。

2020年5月，在党的领导下，毛南族同胞经过努力，使

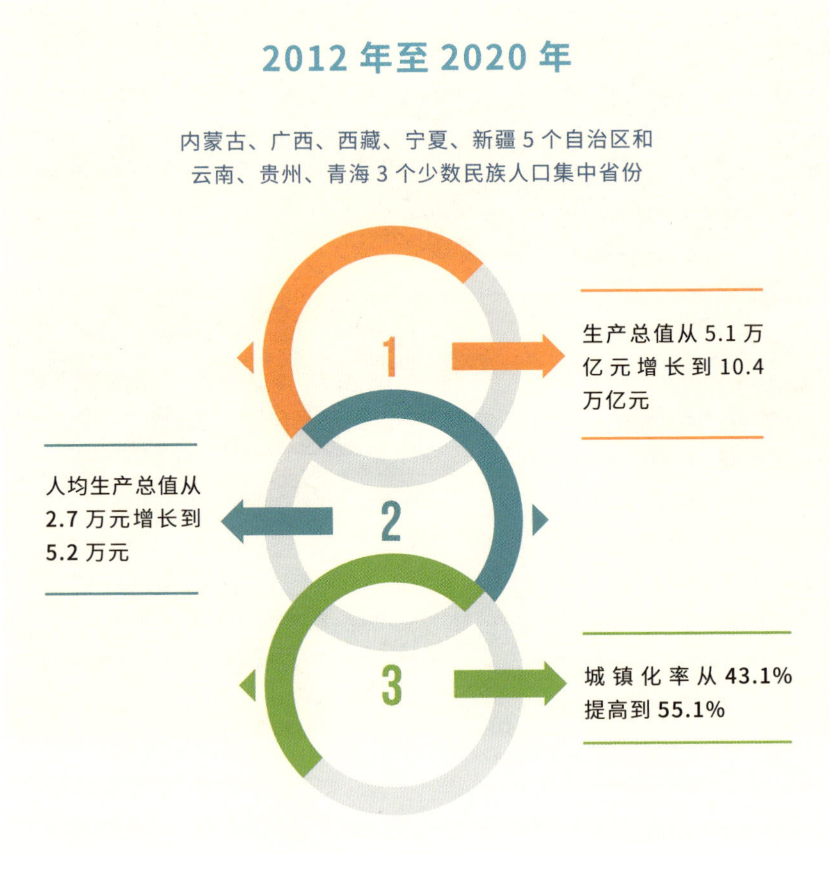

环江旧貌换新颜，正式退出贫困县序列。如今，走进环江，低矮的危房摇身一变成为崭新的楼房，狭长古道、肩挑背驮的历史变成了大道朝天、车水马龙的现实，荒凉险峻的大山变成了生机勃勃的创业园，到处一派欣欣向荣的景象。当习近平总书记得知毛南族同胞实现整族脱贫这一激动人心的消息后，很快作出重要指示表示，得知毛南族实现整族脱贫、乡亲们生活有了明显改善，我感到很高兴。全面建成小康社会，一个民族都不能少。近年来，多个少数民族先后实现整族脱贫，这是脱贫攻坚工作取得的重要成果。希望乡亲们把脱贫作为奔向更加美好新生活的新起点，再接再厉，继续奋斗，让日子越过越红火。

“一个民族都不能少，总书记的关怀既是激励也是鞭策，让我们在脱贫攻坚的路上坚定信心跟党走。”时任环江下南乡党委书记的覃纯果在得知总书记的指示后深受鼓舞。毛南族同胞站在新起点上，将牢记总书记嘱托，再接再厉，积极巩固脱贫成果，奔向更加美好的新生活。

2012年11月15日，习近平同志在中国共产党第十八届中央政治局常委同中外记者见面会上，将“人民对美好生活的向往，就是我们的奋斗目标”作为新一届党中央的庄严承诺提了出来。党的十八大以来，以习近平同志为核心的党中央紧紧围绕这个目标，尽力而为、量力而行，一件事情接着一件事情办，一年接着一年干，在幼有所育、学有所教、劳有所得、病有所医、老有所养、住有所居、弱有所扶上持续用力，使人民获得感、幸福感、安全感更加充实、更有保障、更可持续，人民对美好生活的向往不断变为现实。

# 人民对美好生活的向往是党的奋斗目标

# 01 >>> “中国第一农民画村”

2019年12月30日，“种文化——浙江衢州柯城余东农民画进京展”在北京恭王府博物馆开幕，余东村的农民画家们满怀喜悦之情，带着100件精心创作的农民画作品和9种25款文创衍生产品亮相北京。村民们精湛的画艺引发人们阵阵惊叹。

## ◎●◎ 如游诗画间

浙江省衢州市柯城区沟溪乡余东村是浙江省重点历史文化传统村落，因风格独特的农民画蜚声海内外，被誉为“中国第一农民画村”。村庄自古美丽如画，钟灵毓秀。正是这一方青山绿水孕育了当地民众的爱美、崇美、画美之心，催生了学画、爱画、尚画的民俗风尚。

进入新时代，余东村乡亲们因地制宜，充分发挥和利用余东村的自然禀赋与人文积累，对50多栋古民居进行统一改造，对石子路、老房子、土灶头等进行局部改造，大力发展农民画。走进余东村，游人们便能感受到浓郁的画村特色，仿佛行走于诗画之间，道路两旁、民居墙上、田间地头，随处可见一幅幅色彩明艳的画作，与村庄的青山绿水相映成趣，让人流连忘返。

余东农民画，发端于20世纪60年代末，有着色彩艳丽、纹饰优美、形态夸张等明显特点，是余东村最亮丽的“金名片”。在余东村，参与农民画创作的人员约占四成。2021年，余东村农民画及相关文创产业产值超过3000万元。

走进一间朴素的小院，抬头便看见木质的房梁上悬挂着绘有各色图景的雨伞，在江南独有的天井之下，随风轻轻转动。门厅里面摆放着一张大大的画桌，上面铺满了刚完成的画作，调色盘中还有大片鲜艳的颜料……村里的一动一静、一景一物，在余东村村民的妙笔之下，都在画中得到了奇特的展现。

## ◎●◎ 壮大农民画队伍

在余东村，随便走一走就可以看到，在由几个橘箱和一块门板拼成的画桌旁，几个农民手执画笔挥毫泼墨。看到此景，有人不免疑惑，怎么这么多农民会画画？

实际上，余东村农民不仅地种得好，画画更是一绝。20世纪60年代末，余东村几名爱好绘画的村民在3名下乡的文化馆老师的指导下，走上了农民画创作之路，为余东村农民画文化发展埋下了艺术的种子。此后，村民们不断借鉴剪纸、刺绣、皮影、木刻等多种民间艺术创作技巧，几十年如一日坚持创作，形成了独特的艺术风格，使农民画成为余东村一张闪亮的名片。

为了更好地发展农民画，村里成立了农民画创作协会、画家工坊和创作培训班。余东村的农民画家们“白天扛锄头，晚上提笔头”，以卧室为画室，以门板作画板，以家乡的山水、乡村的生活为对象，创作出一幅幅富含生活气息的美丽画作，用画笔表达了他们对美好生活的向往和对丰富精神生活的追求。在一位农户家，祖孙三代都坚持绘制农民画，上到古稀之年的余春良，下到他未成年的小外孙女，把日常生活融进画作，在一笔一画中实现了文化的薪火相传。

在党组织的统筹领导下，余东村农民画队伍不断发展壮大，村民们的画越画越好，作品越走越远。截至2021年，全村共有村民800余人，其中农民画成员就有326人，130多位村民实现了向农民画家、农民设计师、农民主播、农民创客的职业转换和身份转换。余东村农民画的创作骨干成员从最初的6名发展到48名，其中1名成为中国美术协会会员，6名入选“浙江省民间优秀艺术人才”。全村有300幅左右的作品先后在全国各大展（赛）中获奖，进一步擦亮余东农民画村金字招牌。

## ◎●◎ 绘就新画卷

随着余东村农民画知名度的不断提升，村民们的生活得到了显著改善。在充分分析了优势后，余东村村民开始大力发挥余东村农民画的衍生效应，依托多种载体呈现余东村农民画的独特之美，以余东村农民画元素为主题的文创产品相继走进大众视野。

2019年10月，衢州市正式启动“一米菜园”创建工作。余东村村民在村党支部的带领下，将农民画与“一米菜园”完美地结合起来。村民们充分利用各种条件，将老砖头、破瓦片、小石头变废为宝，把竹篱笆、陶瓷、石磨碎片镶嵌成农耕文化墙，使菜园变景观、乡村成景区。游客来到这里，可以直接从菜园里选择新鲜有机蔬菜品尝，体验从摘菜、洗菜、烧菜到最终享受自己劳动果实的全过程。这种新颖的农旅融合体验形式深受欢迎，既留住了游客，也鼓了村民腰包。

“一米菜园”带动了周边农家乐、民宿的协同发展，让村民在家门口实现了增收。2021年端午小长假期间，有1.5万名游客来余东村游玩，带动周边农家乐、民宿收入近120万元，农民画文创产品更是热销。据统计，2021年，余东村农民画及文创产品产值超过3000万元，带动村民人均增收5500余元。村里定期给村民分红，形成村集体和村民都增收的共富局面。

不仅如此，余东村依托本村优势，成功推动了“国家AAA级景区村庄”“衢州市中小学生研学基地”等的建设，并围绕农民画积极推动各种项目的落地。余东村启动“未来乡村”建设项目后，“艺术地球研学基地”“余东农耕文化园”等20多个项目相继落户。在余东村党支部带领下，村子以农民画为主体，推动形成了“农民画+文创+旅游+研学”的新型文化产业链，构建起以文化为核心的乡村旅游体系，

大力发展乡村旅游

使农民画文化带动农民走上了物质富裕之路。

在柯城区委、区政府的大力扶持下，余东村走出了一条以农民画为主导、农文旅融合发展、共建共享共富的路子。在党的领导支持下，一幅精神富足、产业兴旺的幸福新画卷正在余东村徐徐展开。

# 02 >>> 办好学校教育

教育是国之大计、党之大计。为办好人民满意的教育，党的十八大以来，以习近平同志为核心的党中央统筹规划，通过实施营养改善计划、切实推动学生减负、加强校园安全等举措，为学生学习创造了良好的教育环境，获得了人民群众的一致好评。

## ◎●◎ 营养改善计划保健康

俗话说得好，“身体是革命的本钱”，拥有强健的体魄是学生好好学习的重要前提，而均衡的膳食则是拥有强健体魄的重要保障。为了提高农村义务教育学生的身体素质，国家在2011年启动实施营养改善计划。党的十八大以来，党和国家不断调整完善该计划。2022年10月，教育部等七部门印发《农村义务教育学生营养改善计划实施办法》，对供餐管理等作出了进一步规定。

过去，在农村，尤其是一些偏远山区，吃饭对学生们来说是个“老大难”问题。中午放学铃声一响，许多孩子就得火急火燎地往家跑，匆匆吃完午饭后又得立马放下碗筷往学校赶。而有时家长顾不上做饭，一些孩子就只能在路边摊上凑合吃一点儿垫垫肚子。还有的孩子中午可能会饿着肚子。这样一来，有的孩子吃不好，有的孩子因为饭后奔跑或食品卫生得不到保障而患上一些肠胃疾病。但随着营养改善计划的稳步施行，困扰广大农村学子“吃饭难”的问题得到了解决。

> 2011年，《国务院办公厅关于实施农村义务教育学生营养改善计划的意见》出台，决定从当年秋季学期起，启动农村义务教育学生营养改善计划试点工作。第二年，《农村义务教育学生营养改善计划实施细则》发布，要求试点地区和学校为学生们提供完整的午餐，无法提供午餐的学校可以选择加餐或课间餐。供餐食品特别是加餐应以提供肉、蛋、奶、蔬菜、水果等食物为主。

2020年5月，教育部发布的《农村义务教育学生营养改善计划实施情况总结报告》显示，全国已有29个省份1762个县实施了营养改善计划，覆盖农村义务教育阶段学校14.57万所，占农村义务教育阶段学校总数的84.12%，受益学生达4060.82万人，占农村义务教育阶段学生总数的42.4%。孩子们吃得好了，营养跟上去了，身体素质也变得越来越好。中国疾病预防控制中心2019年的监测数据显示，营养改善计划试点地区男、女生各年龄段平均身高比2012年分别提

2020 年 5 月，营养改善计划实施情况总结报告发布

高1.54厘米和1.69厘米，平均体重分别增加1.06千克和1.18千克，高于全国农村学生平均增长速度。营养改善计划保障了广大农村学子的健康，让他们真切感受到了党和国家对他们的关爱，也更坚定了他们努力学习、报效国家的决心。

## ◎●◎“双减”政策来减负

过去，“作业多辅导多”是一个顽疾。2018年相关报道称，全国基础教育阶段学生校外培训参与率达到47.2%，每周平均5.4小时！孩子们不仅要完成学校老师布置的各种作业，还得奔波于各种补习班，负担十分沉重。但现在，情况得到了明显改善。国家坚定不移推进“双减”政策，各地校外培训机构整治取得了初步成效，截至2021年年底，线下学科

> 为进一步给学生减负，2021年7月，中共中央办公厅、国务院办公厅联合印发《关于进一步减轻义务教育阶段学生作业负担和校外培训负担的意见》，正式推出“双减”政策，提出确保“学生过重作业负担和校外培训负担、家庭教育支出和家长相应精力负担1年内有效减轻、3年内成效显著，人民群众教育满意度明显提升”。

类培训机构压减90％以上，线上压减87.1％。

比如，北京市就不再审批新的面向义务教育阶段学生的学科类培训机构，并重新审核登记现存学科类培训机构。同时，各个学校坚持以学生为中心，探索学习辅导、课后服务等创新举措。上海市探索出了免费线上学习的好路子，推出“名师面对面”线上学习平台，既方便了孩子们的学习巩固，又缓解了家长们的焦虑情绪。老师们也对照文件要求，更加注重提升课堂教学质量，作业布置也更加科学合理。山

落实“双减”政策

“双减”政策成效显著

东省潍坊市一些小学老师为学生量身定制了“配方作业”，引导学生自主选择完成基础类、拓展类、创新类三类作业。

“双减”政策减去了孩子们不必要的、机械的、重复的作业负担，孩子们双休日不再参加学科类校外培训，自己可支配的时间增加了，既发展了兴趣爱好，又减轻了家长们的经济负担，教育也回归了应有的模样。

## 03 >>> 加强住房保障

党的十八大以来，党中央高度重视人民群众的居住问题，采取了一系列措施加强住房保障，人民群众对“安居”的期盼正不断转变为美好的现实。

### ◎●◎ 加强住房保障制度改革

党的二十大报告明确指出：“坚持房子是用来住的、不是用来炒的定位，加快建立多主体供给、多渠道保障、租购并举的住房制度。”让住房回归居住属性，体现了以人民为中心的发展思想。

2019年，由中央广播电视总台、中华人民共和国住房和城乡建设部联合摄制的专题片《安居中国》引爆全网，社会各界人士看完之后好评如潮。很多观众收看节目后难掩

坚持“房住不炒”

激动，慨叹“片子拍得好，令人振奋、感动”，勾起了对自己家几十年间住房变迁的深刻回忆，也切实感受到国家住房惠民政策给他们带来的获得感、幸福感、安全感。

人民群众的这些幸福感受与国家日臻完善的住房保障制度是分不开的。为了确保“房住不炒”，国家加强了住房保障制度改革。早在2007年，国家就出台了《廉租住房保障办法》，在很大程度上解决了城市低收入家庭住房困难的问题。在我国住房保障体系建设过程中，政策、制度随着实际情况不断调整创新，更好地满足人民群众居住需求。尤其是党的十八大以来，党中央加强领导住房保障立法，相继推出一系列政策文件，不断推动住房保障体系发展完善。

现在，一个个家庭居住条件越来越好，折射出的是国家住房制度的不断完善。国家想群众之所想，急群众之所急，不断推进住房保障制度改革，逐步建立了住房市场化的制度，比如公积金制度、住房贷款体系等。与此同时，国家不断完善配套制度建设，继续强化对房地产市场的监管，通过配套市场准入制度、施工许可证制度等措施，保障交易房屋的质量和安全。在日益完善的住房保障制度下，人民群众“住”的问题已经得到了历史性的解决。

支持 6611.21 万人提取住房公积金，占实缴职工人数的 40.22%，提取额 20316.13 亿元，比上年增长 9.51%。

支持 1353.93 万人租赁住房提取住房公积金 1258.67 亿元，分别比上年增长 10.40%、5.90%。

支持 1.00 万人提取住房公积金 4.23 亿元用于加装电梯等自住住房改造，分别比上年增长 96.08%、100.47%。

共发放个人住房贷款 310.33 万笔、13964.22 亿元，分别比上年增长 2.50%、4.52%。

偿还期内可为贷款职工节约利息支出约 3075.40 亿元，平均每笔贷款可节约利息支出约 9.91 万元。

■ 全国住房公积金各项业务运行平稳

## ◎●◎ 推动住房改造升级

党的二十大报告在总结过去十年的成绩时指出："改造棚户区住房四千二百多万套，改造农村危房二千四百多万户，城乡居民住房条件明显改善。"

在党的领导下，各地积极推动住房改造升级，人民群众现在不仅"有得住"，还"住得好"。在城镇，老旧小区旧貌换新颜。2022年，全国新开工改造城镇老旧小区5.25万个、876万户。改造升级后的小区焕然一新，不仅更加干净整洁，还更加现代化、智能化。很多小区完善了监控系统，安装了人脸识别系统，健全了垃圾智能分类回收功能，已经变成了智慧社区，极大满足了人民群众对美好生活的向往。同时，针对老年人上楼困难的问题，全国各地在城镇老旧小区改造升级的过程中加装了电梯。截至2022年10月，全国累计实现加装电梯6.1万部，增设养老、托育等各类社区服务设施3.6万个，老年人再也不用"望楼兴叹"了。人民群众看在眼里，喜在心里，对小区的新变化赞不绝口，到处洋溢着蓬勃向上的生活气息。在乡村，国家大力推行新农村建设，不断推动乡村振兴，乘着这股东风，人民群众的住房也发生了日新月异的变化。截至2021年8月，通过改造升级，全国已有790万户、2568

万脱贫群众住上了安全住房。国家投入大量资金对农村危房进行改造，已有1075万户农村低保户、残疾人家庭等困难群体住上了新房，安全得到了极大的保障。不仅如此，农房配套设施建设也在加速推进，农村居住环境持续改善，绿化越来越好，道路越来越宽广，供水也越来越有保障。不少人感叹："旧房子换了，好日子也跟着来了，感谢国家的好政策哩！"

住房改造升级工程目前已经取得了很大成效，人民群众住得更加宽敞了，房屋质量提升了，基础设施配套改善了，人民群众所向往的"安居"生活正在不断变为现实！

## ◎●◎ 完善住房供应体系

加快推进住房保障和供应体系建设，是满足群众基本住房需求、实现全体人民住有所居目标的重要任务，是促进社会公平正义、保证人民群众共享改革发展成果的必然要求。党的十八大以来，在党中央的领导下，我国住房供应体系越来越完善，住房保障对象范围逐步扩大。

目前，人民群众的住房需求依然比较旺盛，既有"有得住"的需求，又有"住得好"的需求。民有所需，党有所应。为进一步满足人民群众的住房需求，近年，我国大力开发建设保障性租赁住房、公租房和共有产权住房等，增加各种类型房源供给，不断织大织牢住房供应体系网，切实保障人民群众“住有所居”“居有好房”。尤其是保障性租赁住房，其保障范围从城镇户籍家庭拓展至新市民、青年人及从事基本公共服务人员等群体，在“十四五”期间成为发展的重点，40个重点城市初步计划新增650万套保障性租赁住房，将有力缓解1300万人的住房困难。公租房在住房供应体系中也扮演着重要角色，基本保障了低收入家庭有房可住，也改善了中等偏下收入家庭的住房条件。各地建设的公租房“麻雀虽小，五脏俱全”，浴室、卫生间、客厅、卧室、厨房等一应俱全。几千万困难群众搬进了公租房，他们获得了满满的幸福感，纷纷竖起了大拇指。共有产权住房主要帮助有一定经济实力但暂时买不起房子的居民尽快改善居住条件，保障了一些刚需家庭住上新房，彰显了党和国家的人文关怀。

让群众住有所居、安居乐业，是住房保障的应有之义。国家不断加强住房保障力度，持续提升人民群众住房满意度，为人民群众创造更加美好的生活。

加大保障性租赁住房供给

安居中国

国家发展靠人才，民族振兴靠人才。培养造就大批德才兼备的高素质人才，是国家和民族长远发展大计。习近平总书记在党的二十大报告中明确提出：“深化人才发展体制机制改革，真心爱才、悉心育才、倾心引才、精心用才，求贤若渴，不拘一格，把各方面优秀人才集聚到党和人民事业中来。”“人才是第一资源”“聚天下英才而用之”，人才强国战略将会吸引更多“千里马”踏上实现中华民族伟大复兴的征程。

# 7

# 吸引更多『千里马』

# 01 >>> 年轻的中国航天“天团”

中国航天在几十年的历程中迅猛发展，中国逐渐从航天小国变成了航天大国，并已跻身航天强国之列。骄人成绩的取得，离不开老一辈中国航天人几十年如一日的坚守，更离不开新鲜血液的不断输入。当前，年轻的中国航天“天团”已成为中国航天不断进步的重要保障。

## ◎●◎ 最自豪的是中国航天队伍“很年轻”

在2013年第64届国际宇航联大会上，一位美国宇航界人士对中国专家说：“你们现在拿出的成果我并不‘害怕’，但是你们年轻的团队却让我感到‘吃惊’。”羡慕之情溢于言表。

拥有一支年轻的队伍、一批优秀的人才是中国航天事业不断成功的保障和坚实的基础。中国工程院院士、国际宇航科学院院士戚发轫在2016年接受记者采访时谈到了中国的航天队伍，他十分骄傲地说："最触动我的就是'天宫二号''神舟飞船'的设计队伍很年轻，这是中国的特色、中国的力量、中国的潜力。"戚发轫做过统计，1969年美国阿波罗11号飞船登月，美国国家航空航天局科技人员的平均年龄是28岁，但到2010年，他们的平均年龄是42岁。"中国航天领域科研人员平均年龄35岁，他们还继承着航天精神，这就是最大的战斗力。"他说。

北京航天飞行控制中心位于北京西郊的航天城，于1996年3月成立。这里是中国载人航天任务的指挥调度、飞行控制、数据处理和信息交换中心，也是中国深空探测工程的飞行控制中心。该中心274个重点岗位中，30岁以下的年轻人约占85%。其中，超100名青年科技干部已经成长为各领域的技术带头人，关键技术课题负责人平均年龄不超过30岁。北京航天飞行控制中心形成了活力十足的优秀青年科技人才方阵。

## ◎●◎“北京明白”与“我是北京”

神舟十二号载人飞行任务直播时，多次喊出“北京明白”的北京航天飞行控制中心总调度高健引发网友关注。

1994年11月，高健出生于河南，参加神舟十二号载人飞行任务时才26岁。虽然年轻，但他曾多次参与国家级别重大航天项目，在嫦娥五号等任务中承担部分控制调度工作。在神舟十二号载人飞行任务中，他首次担任北京总调度，刷新载人航天任务中此岗位最年轻纪录。调度岗位可不是谁都能胜任的。据了解，调度岗位每次值班的时长为24小时。特殊情况下，主负责的调度因更熟悉任务状态，甚至会连续工作

■ 神舟十二号、天和核心舱、天舟二号货运飞船组成三舱综合体（中国载人航天工程办公室供图）

2021 年 6 月 11 日，国家航天局在北京举行天问一号探测器着陆火星首批科学影像图揭幕仪式，公布了由祝融号火星车拍摄的着陆点全景、火星地形地貌、“中国印迹”和“着巡合影”等影像图。首批科学影像图的发布，标志着我国首次火星探测任务取得圆满成功。这是“着巡合影”图

30～40个小时，虽然其间会有短暂的换班就餐及休息时间，但工作强度依然非常大。高健正是凭着一股韧劲，对照岗位要求不断努力，最终赢得了这个宝贵的机会。

2020年7月23日，我国火星探测器天问一号发射升空。担任天问一号北京总调度的同样是一位“90后”，她是北京航天飞行控制中心第一位女性总调度——鲍硕。2020年9

月，天问一号探测器完成第二次轨道中途修正，当鲍硕身边的同事都不禁鼓掌时，她依然保持稳定的语速，准确地发出“我是北京”等一条条口令，让广大人民群众记住了这个28岁的姑娘。为了适应高强度工作，她提前给自己秘密进行了“魔鬼训练”，坚持一个月每天只睡3个小时，逼着自己尽快适应约30个小时不休息的节奏。正是凭着这股子狠劲儿，鲍硕被大家称为“‘90后’航天花木兰”。如今，鲍硕已经成为年轻航天人的优秀代表之一。

正是因为中国航天队伍里有着许许多多“高健”“鲍硕”，中国的航天事业才能不断发展。正如高健所说，中国航天人秉持着“‘万人一杆枪’精神，每个岗位背后站着几百甚至几千人的研究团队在攻坚克难”，每个人的涓涓细流最终汇聚成中国航天事业发展的滔滔洪流。中国航天因年轻的中国航天“天团”而拥有一片光明的未来！

## ◎●◎ 航天精英炼成记

千里马常有，而伯乐不常有。为了充分发掘人才，北京航天飞行控制中心制定了一系列激励政策，力争做好发现“千里马”的“伯乐”。在北京航天飞行控制中心，好苗子会被着重培养。优秀青年科技干部会被破格选拔担任领导职务，而不会过多考虑其年龄、职称等因素。北京航天飞行控制中心通过设立“科技干部突出贡献奖”“特别贡献奖”等，激励培养了一大批技术全面、作风过硬的高素质青年航天飞行控制人才。

同时，打铁还需自身硬，北京航天飞行控制中心也通过超乎想象的严格考核来“淘金”。在航天任务准备过程中，北京航天飞行控制中心对人员的要求非常严格。成员从进入岗位角色开始，就要承受超强压力。各个环节上都有严苛的考核，尤其任务前，会对每一位上岗人员执行严密的考核程序。但面对挑战，年轻的航天人不惧困难，迎难而上。北京航天飞行控制中心有一位年轻的调度，常在工作完成后，等大家都走了，一个人在夜深人静的时候坐在大厅里一遍一遍地练习调度词。“台上一分钟，台下十年功”，北京航天飞行控制中心人员的真功夫都是磨出来的，很多青年才俊经过这一系列严格训练后都能够独当一面了。

中国航天团队一直传承着“传帮带”的好风气，促进了年轻人的迅速成长。过去，航天人才的成长较为漫长。如何才能缩短这个过程？经过一次次详细调研，航天科工二院党委书记张连成和他的同事们创建了“青年助理”方法——让初出茅庐的青年人担任技术专家、管理干部的助手，尽早接触实质性的技术和管理工作。实践证明这种“以老带新、经验传承，以身作则、言传身教”的方法卓有成效，很多年轻人都在担任青年助理的过程中增长了才干，积累了经验。李晓飞便是其中的一员。三年青年助理经历，使她视野更宽、思路更广，让她迅速成为表现出色的青年设计师。和李晓飞一样，经历青年助理磨炼的还有许多职工，他们都渐渐成长为科研骨干。

任人唯贤、言传身教以及蕴含其中的人文关怀，便是炼就年轻的中国航天“天团”的秘诀，更是吸引更多“千里马”的关键一招。随着越来越多的新鲜血液不断注入，中国航天队伍将越来越壮大，战斗力将越来越强大，中国航天事业发展将越来越好！

## 02 学成回国创奇迹

近几十年，一批批留学青年心系祖国，学成归来，在各个岗位发光发热。中国特色社会主义进入新时代以来，国家为留学生回国创造了良好的政策环境。生逢伟大时代是人生之幸，新时代留学青年们正在传承前辈们学成归来报效国家、服务人民的光荣传统，为全面建设社会主义现代化国家、实现中华民族伟大复兴的中国梦积极贡献智慧和力量！

### 中国改革开放海归40年40人

在2018年中国改革开放40周年之际，为了致敬改革开放及扩大派遣留学生40年来的留学回国人员代表人物，中国改革开放海归40年40人名单正式发布。邓亚萍、杨澜、吕思清、林毅夫、李彦宏、施一公、张朝阳等40位于改革开放40年间为中国发展作出突出贡献的杰出留学人员入选该名单。

## ◎●◎ 从“出国热”到“归国潮”

“我们为学习美国先进的科学技术而来，也为促进中美两国人民的友谊而来。”1978年12月的一天，在纽约机场，面对数十家媒体记者的“长枪短炮”，改革开放后中国首批赴美访问学者的宣言掷地有声。随着改革开放的号角吹响，中国对外开放的大门越开越大，越来越多的学子走出国门，迎着先进的科技而去，我国也成为世界最大留学生生源国。

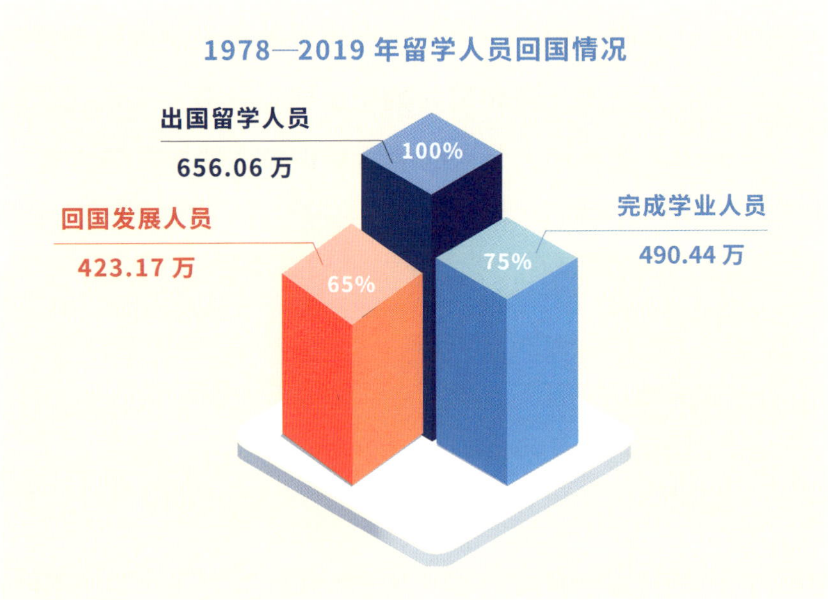


■ 超六成留学人员回国发展

尚贤者，政之本也。随着实力的壮大，中国早已成为发展与机遇的新坐标。党的十八大以来，有关部门出台了一项项引才用才新举措，“长江学者奖励计划”“百人计划”“国家杰出青年科学基金项目”等人才项目和专门针对海外留学归国人才的专门项目不断落地，中国逐步成为全球人才磁场。

## ◎●◎ 祖国的需要是我的使命

“长江长城，黄山黄河，在我心中重千斤。无论何时，无论何地，心中一样亲……”每当熟悉的旋律响起，身在海外的学子们都会倍感温暖。他们虽求学在外，但心中却永远饱含着对家国的思念，这份思念是浓浓的爱国情、报国情，指引着他们学成回家。

2008年，一则爆炸性消息震惊了整个生命科学圈，美国普林斯顿大学年轻有为的国际著名结构生物学家施一公决定回到祖国——中国。

回国后在清华大学任教的施一公迅速把全部心血投入到科研与育人两件事情中。施一公在细胞凋亡等方面的发现世界闻名，为开发新型抗癌、预防阿尔茨海默病的药物提供了重要线索，他的回归让我国在科学和医疗领域迈出重要一施一公，生物学家，西湖大学首任校长，中国科学院院士，美国国家科学院外籍院士、美国艺术与科学院外籍院士。1989年获清华大学生物科学与技术系学士学位，1995年获美国约翰斯·霍普金斯大学分子生物物理学博士学位，1998—2008年历任美国普林斯顿大学分子生物学系助理教授、副教授、教授、讲席教授，2008—2018年全职回到母校清华大学任教，曾任副校长。

步。同时，怎样让中国人才比肩世界、超越世界也是施一公探索的课题。他对中西方教育差异有所闻有所感，并将其中先进的部分进行融合，“求真、质疑、合作、开放”成为他教育后辈的信条。正是在他的悉心培养下，一批批卓越人才成长起来。而每当谈及回国的原因，他总是淡淡地说道：祖国需要我，我要回来教育一批人……这份爱国初心正如父母为他取名的初衷——一心为公，也正如他的教育理念——“大写的人”要拥有勇担家国重任的脊梁，也要有托起民族命运和人类未来的臂膀。

从华罗庚、钱学森、郑哲敏等老一辈科学家放弃优厚待遇、突破重重艰险回归祖国，到如今国际著名结构生物学家施一公、单分子酶学创始人谢晓亮、百度首席执行官李彦宏等新一代才子投身建设祖国的大潮，留学归国人员用行动体现了报效国家、服务人民的自觉追求。学子们在外辗转求学的每一段旅程，都与祖国命运紧密相连，“祖国的需要，就是我的使命”是他们对祖国最深情的告白。

## ◎●◎ 圆梦适得其时

如果被问到为什么回国，想必许多人会当机立断地回答：“被吸回来的！”作为全球最具吸引力的人才磁场，我国创造的良好氛围和条件让留学青年们拥有了广阔的施展空间。归国梦是每位学子以身报国的梦，也是他们实现个人发展的梦，能够与祖国发展同心同向是何等光荣，圆梦正当时！

2022年初夏，深圳的凤凰树枝头灿若红霞。在大鹏新区的一间教室里，小朋友们正在用特别的方式欢度六一儿童节，那就是观看《东纵英雄刘黑仔》绘本。讲述绘本的是创作者罗雯婧，只见她一边给孩子们讲述刘黑仔这位抗日英雄的故事，一边教大家为刘黑仔的皮影形象上色、拼装，还鼓励小朋友们扮演其中的角色，并结合AR（增强现实）技术与皮影进行体感互动游戏。

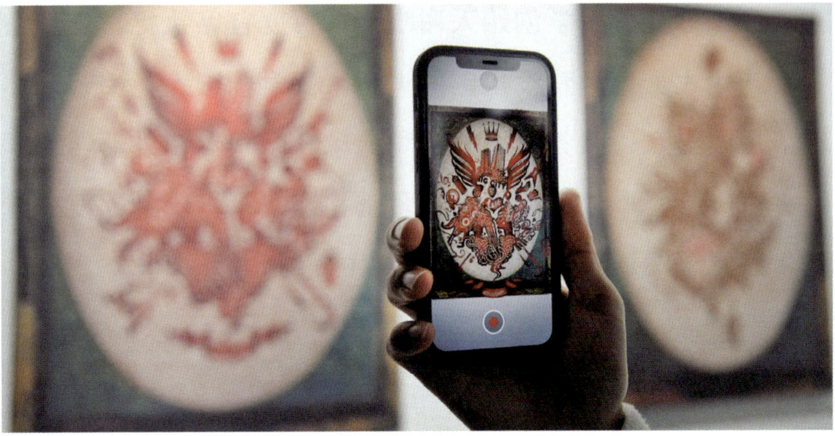

■ 皮影遇 AR，传统技艺“活”起来

这位深圳姑娘身上有很多标签：海归、“90后”创业者、非物质文化遗产传承工作者、数字皮影探索者……这一切都源于她对传统文化以及皮影这一古老艺术形式的热爱。中国这片广阔的市场也给她带来无限可能，艺术衍生产品、动画设计、启蒙教育的结合广受好评，创业虽然艰辛，但这条“传统艺术商业化”的道路会越走越宽广。

“积土成山，风雨兴焉；积水成渊，蛟龙生焉”。罗雯婧只是新时代下圆梦青年的一个代表。我国有着全球最活跃的经济、快速发展的高新产业、持续投入的科教事业，开创了优惠的政府政策、浓厚的创新创业氛围，这样一个堪称完美的“造梦工厂”适合每一个心怀梦想的年轻人！

# 03 每个人都有出彩的机会

教育是国之大计、党之大计，是人类传承文明和知识、培养年青一代、创造美好生活的根本途径。为了将这一攸关家国的大事业办好，我们落实一系列举措，“有教无类”这一中华民族传承千年的、朴素深沉的教育思想，正在中华大地上逐步实现。

## 感人的“后记”

2022年6月的武汉，仲夏蝉鸣，长江滚滚东流，又一批学子迎来了毕业季。“我来自四川大凉山，得益于党的民族政策，从一个放羊娃成为一名大学生……”在中南财经政法大学举行的2022届毕业典礼上，苏正民正作为优秀毕业生代表发言。在千千万万的毕业生中，他是特别的一个。作为从大凉山深处走出的彝族小伙儿，他在毕业论文中用6000字回顾了自己的求学之路，并致谢了65位曾给予他无私帮助的长辈、老师、同学，这份饱含真情实感的“后记”，让无数读者落泪。

贫困和家庭变故曾给苏正民带来过失学风险。他15岁时，父亲因疾病不幸离世，面对这一重大变故，苏正民思考

良久后，作出了辍学的决定。可娃儿年纪轻轻的，不读书怎么能行？村委会和学校知道了苏正民的事情后焦急万分，分别让人给他打了多次电话，告诉他知识改变命运的道理，劝说他继续读书。为了减轻苏正民上学的经济负担，当地政府为他办理了低保，提供了助学金，还联系了社会资助。最终

大凉山彝族聚居区盘山路

他重返校园，并顺利地通过少数民族政策走出大山。在大学中，借助免息助学贷款、国家助学金等一系列帮扶政策，他顺利地完成了学业，拿到了毕业证书。

> 大凉山地处川南，是全国最大的彝族聚居区，那里丘陵起伏、河谷幽深，一座座“悬崖村”隐匿云端、与世隔绝。大凉山虽然有着世外桃源般的自然环境，却也有着世代贫困的痼疾。在“全面建成小康社会”的号角下，2020年11月，曾被称为“中国最贫困角落”之一的大凉山整体摆脱贫困，人们过上了幸福快乐的生活。

虽然经历了一些磨难，但这位从山里走出来的孩子没有将自己的心锁在层层叠叠的峦嶂中，而是将自己当成火把，回馈社会点亮他人。大学期间，他累计献血32次；发起了“凉山阿依（儿童）助学计划”，用点滴微光资助了60多名贫寒学子；加入支教团，反哺大凉山……

一路走来，苏正民的成长之路虽坎坷崎岖，却始终充满光明和希望。从大凉山的放羊娃成长为重点大学的毕业生，从一名自卑懵懂的少年成长为一名自信坚定的青年，他前行的每一步，都有着党和国家好政策的陪伴。不让任何一个学生因家庭经济困难而失学，这是党和政府的庄严承诺。为此，我国建成了中国特色学生资助体系。苏正民正是学生资助政策的受益者，他的经历也是寒门学子亦能发光发亮的最好证明。

## ◎●◎ 唱响世界的马兰花儿童合唱团

2022年2月，在北京和张家口开启了一场属于全球友人的冰雪盛会——第24届冬季奥林匹克运动会。冬奥会闭幕式上，鸟巢内出现了44位憨态可掬的“年画娃娃”，他们身穿点缀着冰蓝色鱼头剪纸图案的衣服，用希腊语唱起了《奥林匹克颂》，纯净的声音为此次盛会画上圆满的句号。在此16天前，也是这群娃娃用歌声拉开了冬奥会的序幕，他们有一个响

继2008年中国举办夏季奥运会之后，2022年奥运圣火再次与中国结缘，中国成为世界上为数不多的既举办过夏季奥运会也举办过冬季奥运会的国家。在2022年冬奥会上，中华健儿奋勇拼搏，取得了9金、4银、2铜的佳绩，这是中国代表团参加冬奥会以来取得的最佳成绩。

■ 北京 2022 年冬奥会开幕式上，马兰花儿童合唱团用希腊语唱响《奥林匹克颂》

亮的名字——马兰花儿童合唱团。

马兰村位于河北省阜平县城南庄镇西部深山区，这是一片英雄故土，革命年代中的晋察冀日报社便坐落于此。21世纪初，革命家邓拓的女儿邓小岚回到这片父亲曾奋斗过的土地，决心用音乐丰富山里娃儿们的生活。邓小岚成立了马兰小乐队，古筝、小提琴、电子琴等新奇的乐器走进孩子们的生活，放学哼着歌回家成为孩子们的常态。小乐队越唱越红火，孩子们还登上了2012年北京卫视的春晚。2013年，邓小岚创办了国内首个儿童音乐节“马兰儿童音乐节”，美妙的音符跳跃在铁贯山间，流淌于胭脂河畔，大山孩子的音乐梦像山花一样盛开了。

在组委会筹备冬奥会节目时，马兰小乐队迅速引起了组委会的注意，这样淳朴、真诚的歌声多么动人呀，简单预选后，合唱《奥林匹克颂》这个节目被果断敲定了！于是，马兰花儿童合唱团在马兰小乐队基础上筹备起来了，最终选出的44名小朋友经过训练，学会了希腊语发音，歌声也更加美妙，天真的孩子们想不到，几个月后他们会用歌声惊艳世界。

为什么会如此迅速地敲定这个节目呢？冬奥会开闭幕式总导演张艺谋一语道出个中原因:我们都知道中国现在脱贫了，中国的孩子、山区的孩子和过去不一样，所以最能体现他们（变化）的，是他们站在奥运舞台上，用希腊语大声地唱会歌，那真的是说明了一切。

冬奥会的口号是“一起向未来”，大山孩子们用几个月时间完成了一次“一起向未来”，从他们的笑脸上我们也可以看到未来最闪亮的样子。

## ◎●◎ 三百六十行，行行出状元

快递小哥是我们日常生活中常常能看到的一群朋友，在炎炎夏日、数九寒天，他们用奔跑为我们送来一份份等待已久的期许。辛苦是我们对这份工作最深刻的印象。你知道吗，在浙江杭州，有一位属于高层次人才的快递小哥？

这位快递小哥叫李庆恒，因为喜欢快递小哥“风风火火”的工作状态，他辞去原本的工作，毅然踏入了很多人叫

■ 快递小哥

苦叫累的快递行业。打包、发货、送货的工作看似简单，甚至有些枯燥，其实里面大有门道。怎么才能提高效率，用更短的时间将快递包裹送到顾客手中呢？李庆恒兢兢业业工作的同时，努力钻研这些问题，最终用笨办法找到了诀窍。

成为“金牌快递小哥”的秘诀有三点：第一要熟记，将全国各地邮编、城市区号、航空公司代码等牢牢刻在脑中。第二要练就过人的眼力，要能够从数百件物品里，一眼将打火机、乒乓球等航空禁运物品挑出来。第三要动脑，快递小哥每天要派送几十个甚至上百个包裹，这个过程中既要保证时效，又要保证路线合理。几番功夫下来，李庆恒早已成为一幅“城市活地图”。

正是凭借着这番本领，李庆恒在浙江省第三届快递职业技能竞赛的快递员项目中一举夺魁！2020年5月，经过认定，李庆恒获评杭州市高层次人才，享受到了购房补贴、子女就学、车辆上牌等方面的政策。李庆恒用自己的亲身经历告诉我们：走在社会主义建设的康庄大道上，职业没有高低贵贱之分，各行各业都是奉献者，三百六十行，行行出状元！

社会保障体系是人民生活的安全网和社会运行的稳定器。为了保障和改善民生、维护社会公平、增进人民福祉、促进经济社会发展、实现广大人民群众共享改革发展成果，党的十八大以来，以习近平同志为核心的党中央把社会保障体系建设摆上更加突出的位置，推动我国社会保障体系建设进入“快车道”。经过不懈努力，我国功能完备的社会保障体系基本建成，基本医疗保险覆盖超13亿人，基本养老保险覆盖约10亿人，创造了世界上规模最大的社会保障体系，广大人民群众真真切切地拥有了更多的获得感、幸福感、安全感。

# 织就世界最大
# 社会保障安全网

# 01 >>> 小病不出村，大病不出县

长期以来，基础医疗欠缺的农村地区医疗服务能力较弱，群众看病就医不太方便，久而久之小病拖成大病，大病拖成重病，重病又使得原本不富裕的家庭陷入穷困的旋涡。近几年，我国不断完善国民健康政策，为人民群众提供了全方位、全周期健康服务，借助医生下沉、发达的科技条件等在基础医疗欠缺的农村地区实现了小病不出村、大病不出县的惠民成就。

## ◎●◎“体检站”来到村口田间

你能想象这样一个场景吗？一望无尽的麦田旁，左边是辛勤劳作的农民，右边是一辆科技范儿十足的移动体检车，体检车前排着队，每当人变少了，正在劳作的农民就会放下

农具，向这辆车走去。

在田间地头检查B超和心电图、化验肝功能、测血脂真是一件稀罕事儿！可这却是发生在河北省唐县黄石口乡聂家台村的真实一幕。来自唐县人民医院的医护工作者们开着多功能医疗车来到田间地头为村民们免费体检，村民们不用奔波去城里，在家门口就能享受全面体检。

这一幕不仅发生在河北，还发生在祖国大地的各个角落。在新疆，每年一次的全民健康体检实现全覆盖，将许多疾病扼杀在了摇篮里。新疆阿克苏地区乌什县阿合雅镇巴扎村村民热合曼·克依木正是这一政策的受益者，在体检中他被检查出白血病，幸好发现及时，得到了及时的救治。在下乡体检的好政策下，“有病尽早治疗，无病提前预防”的健康生活理念渐渐深入人心，村口田间的老百姓们也意识到健康中国，要从全民体检开始。

## ◎●◎ 让健康有“医”靠

大城市的知名医院常常人满为患，在那里总能看到异乡人的面孔，他们从全国各地辗转而来，只为求医问药。找名医看病何其不易！为了让先进的医术惠及更多人，名医们开全国社区医疗服务志愿团的创始人是北京中日友好医院皮肤科的资深医生张晓艳。在工作之余，她看着中国地图琢磨全国医疗资源分布，意识到有些地方明显还很不足。于是把专家们组织起来，流动到基层去的想法在她的脑中形成。她的想法得到了许多医者的响应，在她的倡议下，全国社区医疗服务志愿团成立了。这个团队由第一次开会的十几个人迅速发展壮大，像滚雪球一般，很快超过千人。自2015年成立以后的四年间，团队行程数十万千米，为超过2万名患者做了义诊咨询和健康指导，对1万多名基层医护人员开展了培训帮扶活动。

始了一场美丽的“逆行”。

偏远地区的医疗条件落后，环境艰苦，要去当地送医并非易事。羊场苗族彝族乡，坐落在贵州省毕节市纳雍县，从北京市朝阳区到羊场苗族彝族乡有2000多千米的路程，而且下了飞机还要再坐车辗转走几个小时的山路才能到达。就是这样一个鲜为人知的乡村，张晓艳带着多位知名医学专家跑了两趟，只为一个小男孩。这个小患者四肢肌肉萎缩，小腿腓肠肌肥大，走起路来摇摇晃晃，日常行动、坐卧非常困难，很多大夫看后都束手无策。经过几次会诊和基因筛查，全国社区医疗服务志愿团认定此病为一种罕见的遗传性疾病，并为小男孩提供了治疗。

老百姓太需要医生了！哪里有需求，名医们便到哪里去。从京郊大地到秦岭南侧的南水北调水源地，从北大荒到巴蜀山区，从革命老区到西藏边陲……像张晓艳一样选择下沉到基层的，还有来自全国各地千千万万的名医们。他们把最优质的医疗服务送到基层，诠释了医者仁心，也描绘了一幅健康中国的宏伟蓝图。

## ◎●◎ 便利的云端问诊

随着科技的发展，“互联网+”成为脍炙人口的热词，它也与医疗“联姻”，为看病难开启了一扇科技之窗。专家远程会诊、健康咨询、送药到家、预约检查等线上医疗服务越来越多地融入人们的日常生活，云端问诊为无数患者带来了便利。

孩子是一个家庭的希望，四川省华蓥市欧阳俊一家为孩子的病操碎了心。孩子病情不能耽误，但一家人还有工作，没办法带着孩子远行看病，如何做到两全？在他们万分焦急之时，一个好消息传来了，在家门口就能挂上北京的专家

线上医疗服务

号！原来，当地实施了一个名为“行走的医院”的项目，用网络平台搭起就诊的桥梁，为老百姓联系上了北京三甲医院的名医。远程会诊结束后，大夫为小朋友量身定制了下一步治疗方案，一家人悬着的心终于落下，对着电子屏幕露出了由衷的笑容。

除了远程医疗会诊，互联网还催生出了许多新科技，如“云巡诊车”，它搭载着许多医疗器械，不仅是一个“移动的医院”，更是一座老百姓与名医之间的“云桥梁”。

1. 会诊前 30 分钟进入专家诊室（会诊系统），检查视频、音频是否正常，建议准备纸、笔，将想咨询的问题记录下来，以防会诊时忘记。
2. 会诊开始，地方主治医生简要介绍病史、检查结果、治疗经过（为避免影响患者情绪，影响治疗效果，患者此时应该回避）。
3. 专家向地方主治医生询问病情，并提出诊断意见和治疗建议。
4. 专家解答地方主治医生提问。
5. 患者与专家进行交流。
6. 会诊结束，专家医院向地方医院发送会诊意见书，供地方医院参考。

■ 远程会诊基本流程

## 02 晚年生活有“里”更有“面”

我国人口老龄化进程不断加速，养老服务成为大家关心的重点问题。老年群众的需求层次多、内容细，妥善解决人口老龄化带来的社会问题，关系着国家发展，也与每个老百姓息息相关。我国正在下大气力来应对养老问题，织就社会保障安全网，让中国老人的晚年生活有“里”更有“面”。

### 欢迎来到“时间银行”

科学技术的进步和互联网的广泛应用改变了生活的方方面面，也为养老服务带来了新气象。近几年，借助网络平台和创新模式，推广“智慧养老”成为一件时髦事儿，其中有一项特别的服务——“时间银行”。

一天早上，在江西省南昌市东湖区百花洲街道火神庙社

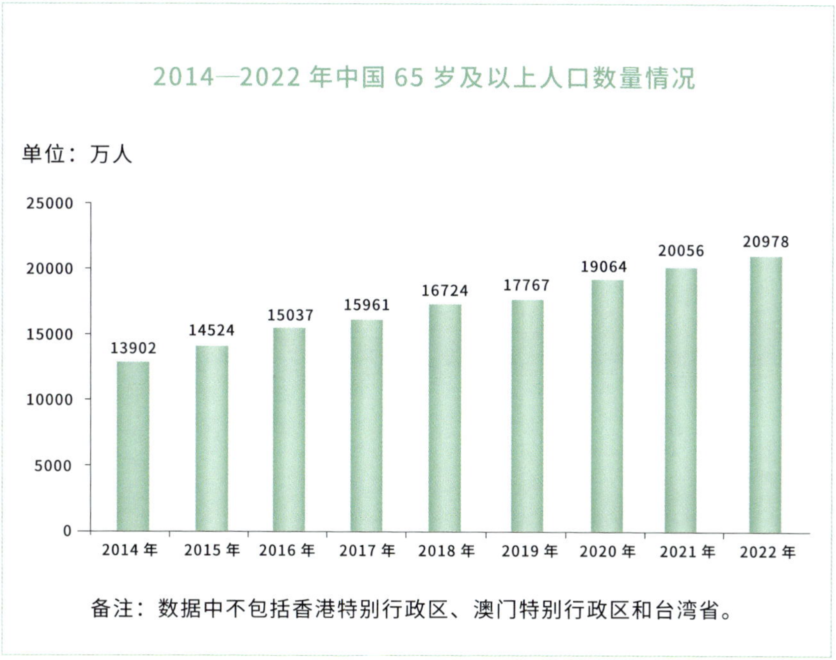


老年人不断增多

区，袁建新敲开了残疾老人谭一玲的家门。他这次来是为了送上代买的蔬菜，并询问谭奶奶需要什么帮助。这样的活动持续已经近半年，半年的悉心照料使得老幼之间建立了深厚的感情，每次袁建新上门，谭奶奶都热情地招呼，袁建新也成为谭奶奶名副其实的“养老小帮手”。而袁建新有一个特别的身份，那就是“时间银行”志愿者。

“时间银行”相关活动甫一落地，便有大批志愿者纷至

## “时间银行”

“时间银行”是一项居家养老服务模式，即积极鼓励低龄老人和年轻人报名成为志愿者，为社区中 80 岁以上高龄和失能、失智、独居、失独老人提供志愿服务，服务时间可登记并存入“时间银行”，用于兑换各类商品和养老服务项目。

## 智 慧 养 老

**01**

工信部、民政部、国家卫健委三部门发布的“智慧健康养老产品及服务推广目录”，共收录了智慧健康养老产品和智慧健康养老服务各 100 多项

**02**

工信部、民政部、国家卫健委三部门已开展多批次智慧健康养老应用试点示范工作，共遴选出 200 多家示范企业，1000 多个示范街道（乡镇），近百个示范基地，多个示范园区

**03**

我国智慧健康养老产业规模不断增长，预计 2025 年产业规模突破 15 万亿元

沓来。截至2022年7月，仅东湖区内的“时间银行”就有100多家，志愿者达到了数千人。行动不便、卧床不起、子女在外的老人们不仅享受了生活的便利，也因为有人探望，拥有了更多温馨时光。整个社区中形成了“今天我帮他人养老，明天他人助我养老”的良性循环。

## ◎●◎ 幸福养老从“屋里厢”开始

家，是充满爱的温馨港湾，能够在自己家中安度晚年，是长者最大的幸福之一。然而，随着年龄的增长，老年人的身体机能不可避免地发生了衰退，家中原本的装修给他们带来了许多不便。

地面太滑容易摔跤，上厕所的时候起身困难，洗澡久站容易疲劳晕倒……这些安全漏洞，给老年生活带来了极大的安全隐患。如何解决这些问题，让老年人在家中享受更加舒适、安全的养老生活呢？上海市给出了答案——进行家居适老化改造。

上海市凤凰小区是一个“老”小区。这个“老”一方面是指小区的房屋建造时间久远，另一方面则是说小区内居民老龄化程度比较高，60岁以上的老年人超过一千位，约占常

■ 家居适老化改造

住人口的四分之一。所以，当适老化改造的好消息传来时，大家激动极了，争相报名。王阿婆已有90多岁高龄，她最想解决的便是自己家碍事儿的水泥浴缸。几十年前，水泥浴缸很流行，可如今早已成为占地方的累赘。更重要的是，老人腿脚不便，进出浴缸总要耗费一番工夫，很不安全。在适老化改造的政策下，这累赘的水泥浴缸摇身一变成为崭新的淋浴房。在淋浴房里，老人可以坐着沐浴凳，搭着扶手淋浴，起身方便。适老化改造兼顾安全与实用，更好地解决了老人的洗浴问题。

“屋里厢”便是上海话中“家”的意思，随着居住环境适老化改造民心工程的逐步落实，老年人居家养老的痛点被逐一解决，老人们享受到了更多的便利，他们可以由衷地说一句：“幸福养老从‘屋里厢’开始！”

## ◎●◎“银发族”的多彩生活

2021年的重阳节，某短视频平台迎来了一群特别的嘉宾和一场特别的演出：《博爱中国　乐龄芳华——活出最好的样子》。

这些嘉宾中有火遍全网的“天坛大爷”吴保印、63岁的

老有所乐

“花毽”吉尼斯世界纪录保持者刘云吉、平均年龄65岁的北京快乐轮滑队、我国第一个跨越地球“三极”（南极、北极和青藏高原）的科学家高登义、穿越原子弹蘑菇云的“硬核奶奶”苗晓红，还有篮球达人、杂技牛人、体操团体、走秀模特等。作为这场演出的主角，他们有一个共同的身份叫作中国老人。这些“宝藏老人”走上舞台，展现了老年生活最美的样子。而在“一网之隔”的屏幕前，当天还有全国100余家养老院的老人们共同观看了线上演出，这是一场属于老人们的盛会，是一顿高水平的精神文化“美餐”。

除了欣赏文艺演出，老年人学习的热情也十分高涨，目前我国老年大学在校学员总数已超过1000万。在广东深圳，每年11月都是深圳市养老护理院老年大学开学的时节，这里的学生们虽是鹤发银丝，但他们的学习热情丝毫不减。在教室里，老人们拿起扇子，跳起舞蹈，好不热闹，既强健筋骨，也振奋精神。再望一眼其他教室，形体、美术、书法、中医养生课程也正如火如荼地开展着。我国自古便有“活到老，学到老”的谚语，对老年大学的莘莘学子来说，学习便是最好的养老。

跟随着我国经济发展的脚步，在物质需求满足后，老年群体的精神文化需求日益增长。到今天，养老逐渐脱离了老有所养、老有所依的局限，向着老有所乐、老有所学、老有所成、老有所安迈进，“银发族”也过上了多姿多彩的老年生活。

## 03 >>> 37岁盲人小伙圆梦清华

在广袤的中华大地上，14亿多中华儿女中，有大约8500万被伤痛亲吻过的人——残疾人。他们身体虽然有残缺，心中却绽放着美丽的花朵；他们体验着生命的曲折，脚步却始终追逐着梦的方向。作为社会大家庭中的成员，作为中国特色社会主义的一支重要力量，他们正同全国人民一道共享国家繁荣富强的伟大荣光，拼搏追梦，活出精彩的人生！

2022年盛夏，我国著名高等学府清华大学陆续向研究生新生寄送录取通知书，其中一份将寄往一位特别的同学手中。他叫梁江波，先天性视力障碍让他从年少起便生活在黑暗之中，但他渴望溯光而上，重新定义生命的意义。梁江波圆梦清华的故事告诉我们，残疾人也可以书写精彩人生。

## ◎●◎“困”在黑暗中的少年

1985年，梁江波出生于安徽蚌埠一个普通家庭之中。然而新生命降临的欢乐很快就被冲淡。在拍百日照时，无论摄影师如何引导，小江波都不知道要看向镜头，他似乎有些怕光。一家三口四处奔波、寻医问药，可惜奇迹并没有发生，小江波眼中的光明一丝丝地在减少。

农村的学校没有教授盲人的条件，为了让孩子读书学习，小江波的父母把小黑板挂在了家里。他们将书本上的内容放大誊抄到黑板上，带着小江波学写字、学算术，让他走进了知识的海洋。后来，父亲为梁江波争取到了在一所乡村小学随班就读的机会，梁江波第一次踏入了校园。虽然同学们对他照顾有加，但大家对梁江波顺利完成学业都没有十足的信心。

这位“困”在黑暗里的少年从不向命运屈服，他竭尽全力跟着同学们的步伐，尽管困难，但该学的知识他从不落下，成为班级里最刻苦的同学。1998年，视力急剧下降的梁江波顺利通过了南京市盲校的入学测试，从一年级开始学盲文，自此之后他更是开启了一场无声的较量。小江波听过一部介绍清华大学的纪录片，那个时候“清华梦”就像一粒种

清华大学清华园

子一样埋进了他的心底。

## ◎●◎ 一场自我的较量

读初中时，梁江波走到了人生的岔口，不得不面临抉择。父母希望他像其他残疾友人们一样，学习一门手艺养活自己，可梁江波心中却有另一个梦想——读大学。曾经有大学生来到他的学校，和他说到残疾人也可以上大学，这个信息仿佛一束阳光，照亮了他对高等学府的向往之路。

2003年，当时全国唯一一所面向盲人的高中——青岛市盲校，向梁江波的学校邮寄了招生简章。这份招生简章改变了梁江波的一生。从此，无数个凌晨，他埋头苦读，只为实现心中的大学梦。3年后，梁江波参加了特殊高考，并顺利考入北京联合大学特殊教育学院，学习推拿、针灸等技术。也正是在这里，梁江波走向了更广阔的人生。

在大学，梁江波报名参加了普通话培训项目。没有盲文版本教材，他便和同学“磨耳朵”，硬是把60篇示范音频听了上百遍，并逐字逐句写成盲文。这种“笨”办法让他们对播音员的咬字和语调有了更多揣摩，梁江波甚至考取了普通话一级甲等证书。他喜欢朗诵诗词，对他来说诗词就像老朋友一样，他感到和诗词对话有一种穿越时空的美妙体验。

## ◎●◎ 符合条件即可报考

大学毕业后，梁江波靠着踏实努力在北京找到了一份稳定的工作，完成了一场意想不到的“逆袭”，但他的内心还是会时常想起少年时种下的清华梦。时间来到2014年，教育部下发的一则通知让他又惊又喜。通知明确提出有盲人参加高考时，要为盲人考生提供盲文试卷、电子试卷或者由专门

2019—2021 年残疾人接受教育情况统计表（部分）

| 年 份 | 特殊教育普通高中在校生 / 人 | 残疾人中等职业在校生 / 人 | 被普通高等院校录取学生 / 人 | 进入高等特殊教育学院学习学生 / 人 |
|---|---|---|---|---|
| 2019 年 | 8676 | 17319 | 12362 | 2053 |
| 2020 年 | 10173 | 17877 | 13551 | 2253 |
| 2021 年 | 11847 | 17934 | 14559 | 2302 |

我国不断健全残疾人权益保障制度

的工作人员予以协助。这份通知犹如阳光雨露，使得梁江波少年时便埋在心底的梦有了生根发芽的可能。

2021年10月，梁江波忐忑地给清华大学发了封邮件，询问是否可以接收视障人士报考硕士研究生。“符合条件即可报名。”清华大学的回信中，这简短的8个字如有万钧之力，让梁江波激动不已。

从此，备考清华成了梁江波最重要的事情。没有盲文版科目教材，他将书籍转成音频一遍一遍地听，并用盲文记下来反复温习。听说考研英语的难度很大，他将8000词的单词书手写为盲文，总共近600页。

考试那天，学校专门开通了入校绿色通道，并为他设置了独立考场，考试时长也从3个小时延长至4个半小时。他在考场上奋笔疾书，中指指腹甚至被盲文笔磨出了血。他写出的不是简单的字符，而是一条新时代残疾人的追梦路。功夫不负有心人，最终梁江波以初试379分，复试445.4分的成绩被顺利录取。收到录取通知书，梁江波捧在手里仔细抚摸，通知书封面的校徽、“清华大学”四个字被梁江波反复摩挲，这一刻，他已经等了20多年。

他虽然看不见光，却始终追逐着光的方向，最终自身成为一束耀眼的光芒。梁江波用不懈的努力告诉我们，身体的残缺无法阻挡前进的步伐，只要肯奋斗，人生可以被重新定义！梁江波的追梦路也是新时代残疾人保障事业的最好见证。中国特色社会主义进入新时代，以习近平同志为核心的党中央对残疾人保障事业格外关心，积极鼓励残疾人和健全人一起学习、生活。得益于此，约8500万残疾人正在中华大地上书写着自己的人生追梦路，同全国人民共享国家繁荣富强的伟大荣光！

# 后记

中国特色社会主义进入新时代，以习近平同志为核心的党中央坚持以人民为中心的发展思想，始终把人民放在心中最高位置，推动改革发展成果更多更公平惠及全体人民，把 14 亿多中国人民凝聚成推动中华民族伟大复兴的磅礴力量。

为生动展现新时代中国共产党坚持以人民为中心发展思想的生动实践，使广大青少年正确理解“江山就是人民，人民就是江山”的思想内涵，本册以《人民的江山》为题，通过通俗易懂的话语和丰富直观的图片，讲述我们身边正在发生的事例，将新时代中国共产党领导人民为实现美好生活目标而奋斗的过程、成就讲给广大青少年，增强广大青少年的中国特色社会主义道路自信、理论自信、制度自信、文化自信，坚定听党话、跟党走的政治信念。

在本书的编写过程中，王炳林教授指导拟定了写作思路与提纲，冯留建教授做了大量的组织协调等工作，廖松涛、任玉琦、徐世顺、蔺可飞、赵岩协助收集整理资料及撰写初稿，我修改了全书并完成定稿。

本书在编写过程中参考了相关的研究成果，在此表示感谢。大象出版社及责任编辑王艳芳老师为出版此书付出了诸多辛劳，也一并感谢。

王　峰

图书在版编目(CIP)数据

人民的江山 / 王峰编著. — 郑州 : 大象出版社,
2023. 10
(新时代讲给少年听 / 王炳林主编)
ISBN 978-7-5711-1872-3

Ⅰ. ①人… Ⅱ. ①王… Ⅲ. ①爱国主义教育-中国-
少年读物 Ⅳ. ①D647-49

中国国家版本馆 CIP 数据核字(2023)第 185040 号

新时代讲给少年听
**人民的江山**
RENMIN DE JIANGSHAN
**王炳林 主编**
**王 峰 编著**

---

| | |
|---|---|
| **出 版 人** | 汪林中 |
| **丛书顾问** | 王承哲 闫德亮 |
| **策 划** | 张桂枝 孟建华 |
| **项目统筹** | 丁子涵 |
| **责任编辑** | 王艳芳 |
| **责任校对** | 毛 路 |
| **美术编辑** | 王晶晶 |
| **装帧设计** | 谢俊平 |

---

| | |
|---|---|
| 出版发行 | 大象出版社(郑州市郑东新区祥盛街 27 号 邮政编码 450016)<br>发行科 0371-63863551 总编室 0371-65597936 |
| 网 址 | www. daxiang. cn |
| 印 刷 | 河南瑞之光印刷股份有限公司 |
| 经 销 | 各地新华书店经销 |
| 开 本 | 890 mm×1240 mm 1/32 |
| 印 张 | 5. 5 |
| 字 数 | 88 千字 |
| 版 次 | 2023 年 10 月第 1 版 2023 年 10 月第 1 次印刷 |
| 定 价 | 25. 00 元 |

若发现印、装质量问题,影响阅读,请与承印厂联系调换。
印厂地址 武陟县产业集聚区东区(詹店镇)泰安路与昌平路交叉口
邮政编码 454950 电话 0371-63956290